Sp 641.637 Sol
Soler, Carmen.
Chocolate : 50 recetas disfrutar
de sus beneficios y sus cualidade

34028081043110
CYF $29.95 ocn781684227
10/05/12

S0-EVZ-584

HARRIS COUNTY PUBLIC LIBRARY

Chocolate

Carme Soler

Chocolate

*50 recetas para disfrutar
de sus beneficios y sus cualidades*

EDICIONES OBELISCO

Si este libro le ha interesado y desea que le mantengamos informado de nuestras publicaciones, escríbanos indicándonos qué temas son de su interés (Astrología, Autoayuda, Ciencias Ocultas, Artes Marciales, Naturismo, Espiritualidad, Tradición...) y gustosamente le complaceremos.

Los editores no han comprobado la eficacia ni el resultado de las recetas, productos, fórmulas técnicas, ejercicios o similares contenidos en este libro. No asumen, por lo tanto, responsabilidad alguna en cuanto a su utilización ni realizan asesoramiento al respecto.

Puede consultar nuestro catálogo en www.edicionesobelisco.com

Colección Salud y Vida Natural
Chocolate
Carme Soler

1.ª edición: abril de 2012

Maquetación: *Marta Ribón*
Corrección: *M.ª Ángeles Olivera*
Diseño de cubierta: *Marta Rovira*

© 2012, Carme Soler
(Reservados los derechos para la presente edición)
© 2012, Carme Soler y Carme Domínguez de las fotografías
© 2012, Ediciones Obelisco, S. L.
(Reservados los derechos para la presente edición)

Edita: Ediciones Obelisco, S. L.
Pere IV, 78 (Edif. Pedro IV) 3.ª planta, 5.ª puerta
08005 Barcelona - España
Tel. 93 309 85 25 - Fax 93 309 85 23
E-mail: info@edicionesobelisco.com

Paracas, 59 C1275AFA Buenos Aires - Argentina
Tel. (541-14) 305 06 33 - Fax (541-14) 304 78 20

ISBN: 978-84-9777-786-5

Reservados todos los derechos. Ninguna parte de esta publicación, incluido el diseño de la cubierta, puede ser reproducida, almacenada, transmitida o utilizada en manera alguna por ningún medio, ya sea electrónico, químico, mecánico, óptico, de grabación o electrográfico, sin el previo consentimiento por escrito del editor.
Diríjase a CEDRO (Centro Español de Derechos Reprográficos, www.cedro.org) si necesita fotocopiar o escanear algún fragmento de esta obra.

En memoria de mi hermano Pep Soler.

Prólogo

Hacer feliz a la gente de nuestro alrededor aunque sólo sea, si está más allá de nuestro alcance, durante unos instantes, puede convertirse en nuestra tarea más noble, en el hecho de no vivir en vano. Se trata de gente que nos encontramos aparentemente por azar y que entra a formar parte de nuestras vidas aunque sea de una manera fugaz, o con la que convivimos, y tenemos una relación mucho más estrecha, ya sean amigos o familiares.

Ayudar a hacer felices a nuestros comensales a través del mundo del chocolate, con sus variados sabores y aromas siempre envolventes, tanto si estas personas son invitados como si son de nuestra familia, forma parte, a mi entender, de nuestro buen hacer y educación.

Es evidente que cuando elegimos qué prepararemos como almuerzo o cena no sólo pensamos en nosotros mismos, en lo que nos gusta, sino que también tenemos en cuenta en lo que agradará a los de casa o a nuestros invitados, en qué es lo más adecuado a sus gustos, o a lo que se quiere celebrar, a la época del año o a lo más idóneo para la situación, tanto si se trata de un día normal, de una comida rápida y sencilla como si es un día de fiesta o de celebración. Asimismo, cabe recordar que con frecuencia olvidamos lo más importante dentro de lo que les agrada, y es lo que necesitan, qué cualidades pueden y deben potenciarse, qué textura, aroma y sabor pueden resultar más beneficiosos en uno u otro aspecto para ellos mismos o para algunas necesidades en sus vidas, qué forma según el modo de prepararlo o con que lo combinemos, el color y sus distintas tonalidades, y sobre todo la propiedad que les resulta más adecuada, ya no física, sino también esotérica.

Creo que podemos ir un paso más allá en el caso de que tengamos la curiosidad de aprender o seamos lo suficientemente intuitivos; así, a la hora de tomar cualquier decisión culinaria verdaderamente mágica, lo que significa energía oculta, se debe tener el máximo respeto, seriedad y ética profunda, actitud similar que debe tomarse también en la cocina convencional.

Recuerdo la película *Chocolat*, interpretada por la actriz Juliette Binoche, que hacía las delicias y que a la vez ayudaba a los que se acercaban a su mundo más allá de los convencionalismos del lugar y de la época, precisamente a través de este ingrediente mágico, el chocolate.

Una nueva idea siempre procede de un lugar, a veces de un sitio oculto y recóndito de nuestro interior, casi perdido en el tiempo, pero que alguna vez formó parte de nuestra vida y que nos proporciona una motivación íntima y concreta, aunque otras veces proceda del mundo exterior, que encenderá la chispa que iniciará esta nueva idea, que puede ser un hecho, un objeto que nos inspire, una persona en general, o bien un niño que juegue ajeno al mundo que le envuelve, y que esté totalmente inmerso, sin saberlo, en el anciano que pasa junto a nosotros un día gélido evocando la riqueza de unas vivencias que sin él nunca hubiesen sido posibles, con un aire amable o con la necesidad de esta amabilidad. Asimismo, la idea puede proceder de energías que nos permitan plasmarla en el mundo de la forma. Lo que está claro es que todas las personas que se acercan a nuestra vida pueden ser reconfortadas con un poco de chocolate, tomado de la manera adecuada en el momento oportuno, del mismo modo que si se tratara de una buena pócima, la pócima esotérica del chocolate.

El espíritu, nuestra esencia, que en definitiva somos nosotros mismos, excepto en contadas ocasiones, necesita reconfortarse, un bálsamo para aliviarlo, no como compensación sino como remedio energético para algunas penurias a las que se ve sometido, a veces mínimas, o incluso recuerdos o contratiempos que aún zarandean de vez en cuando nuestra alma con dureza, esfuerzo o simplemente con sorpresa.

Las recetas que aparecen en el libro son agradables, fáciles de preparar, y que han surgido con el propósito tanto de proporcionarnos como de ofrecer a los demás algo que necesitan, simpatía, comprensión, amor en cualquier sentido de la palabra y bienestar, a la vez que fuerza moral e ímpetu para sobrevivir y vivir un poco mejor. Nos lo agradecerán el espíritu y el psiquismo, y qué mejor para esto que entrar de una manera prudente, como cualquier medicina, en el mundo del chocolate, el universo culinario y casi mágico que es y representa. Siempre conviene «comer sano»: verduras, frutas, zumos o legumbres, aunque esto no implica que un día concreto no podamos introducir otro tipo de alimentos tan necesarios como los primeros, y capaces de combinarse entre sí. El equilibrio confiere equilibrio en cualquier área de nuestra vida.

Aquí, el rey es sin ningún tipo de dudas nuestro querido chocolate, que debe de ser tratado con toda la delicadeza, ternura y respeto por lo mucho que nos ofrece y lo poco que toma, siempre, como he dicho, con la moderación pertinente; de lo contrario, y si no lo quemamos con ejercicio, quizá se convierta en unos gramos de más en nuestro cuerpo, pero si aprendemos la práctica de la autodisciplina, conocimiento y coherencia sólo obtendremos beneficios. Placer para el paladar y una apertura en nuestros sentidos casi indescriptible, que nos hará más sensibles y capaces de describir las sensaciones al menos hasta cierto punto.

Algunas recetas están pensadas más para unas cosas que para otras.

Es importante que antes de preparar el chocolate pensemos en lo que necesitamos de él, siempre teniendo presente sus cualidades naturales.

Se trata, en definitiva, de una terapia natural capaz de despertar nuestros sentidos, tanto si lo decimos en voz alta como si preferimos guardarlo para nosotros.

Que sea, pues, el chocolate el amigo prudente que nos acompaña en las tertulias en momentos de confidencias personales e íntimas, en los días en que el corazón siente la fiesta y en los momentos gloriosos que aún estan por venir. Es importante que estos momentos lleguen de la mano de la gente que nos es grata y que queremos que se conviertan en los invitados en nuestras mesas.

El chocolate es un producto con una exquisita tradición milenaria que se ha utilizado en antiguas ceremonias rituales, en ocasiones como si se tratara de una pipa de la paz con el fin de llegar a acuerdos.

Lo esotérico del chocolate radica en que aún sabiendo que nos agrada y que nos hace sentir bien intuimos que alberga otras cualidades ocultas. Tal y como nos dirá él:

Te doy fuerza moral para superar un esfuerzo que debas realizar.

Cuando sientas soledad, puedo ser un bálsamo para tu espíritu.

Despierto tu ánimo cuando está bajo.

Te hago más dulces las horas amargas.

Te devuelvo la confianza en ti mismo; después, sólo debes mantenerla.

Soy la inyección de moral cuando la necesitas para emprender alguna cosa.

Soy el confort en una charla de confidencias.

Soy la confianza en la espera.

Soy el enlace con tus amigos, que ayuda a que estos lazos sean más fuertes cada día.

Soy el calor cuando el alma se enfría y cuando el cuerpo lo necesita.

También soy la fuerza fresca cuando me tomas como helado o muy frío los días calurosos de verano.

Y las noches de verano, sentados en una terraza en un pueblo de montaña o no muy lejos del mar, te recuerdo cómo disfrutar de la vida.

Bajo las estrellas de cualquier noche, aunque en ese momento tus ojos no las vean, llamo tu atención para que el amor esté más concentrado, con un extracto de rosa, pues éste es mi sabor predilecto.

Te preparo cuando necesitas que en los estudios o el trabajo tu intelecto rinda al máximo.

Soy el que te proporciona el empuje cuando debes decir algo que no te atrevías.

Si te excedes conmigo puedes ponerte nervioso; en su justa medida, te reconforto.

Soy el que te ayuda a entablar amistad.

El que te ayuda a ser intuitivo, a reaccionar rápido ante una situación.

Te ayudo a aprender a hacer un buen análisis de una situación o una persona, un análisis correcto.

A mejorar o tener una buena táctica.

Te ayudo a saber decir lo justo en el momento adecuado.

A hablar mejor en público.

A ver el engaño y a actuar con astucia.

Pongo determinación en tu vida.

Te alejo del ajetreo.

Te ayudo a mantener de manera constante cierto equilibrio.

Ayudo a tu conciencia para que siga adelante.

Te ayudo a estar atento.

Conmigo te puedes enfrentar a situaciones o personas complicadas.

Te permito alejarte de la pereza.

Estás en armonía con el presente.

Te ayudo en el entendimiento y la comprensión de las cosas, en los porqués profundos.

La aceptación siempre coherente es una de mis cualidades.

Con mi color más o menos marrón según sean los diferentes tules de mi vestido, con su propia frecuencia de vibración dentro de las diferentes gamas de mis tonos, soy capaz de llegar más allá de lo esperado.

Si me miráis suave y atentamente mientras me preparáis, dejando mi aroma con mis cualidades, la indumentaria de los diferentes condimentos que me habéis puesto y la tremenda fuerza de mi propio color, os puedo abrir la puerta de cada una de las cualidades aquí descritas que necesitéis; solo debéis pedírmela atentamente fundiéndoos casi conmigo, sólo se precisa un breve período de tiempo, tal y como escribo en el libro de las no palabras en lo que hace referencia al color a modo de terapia.

No olvidemos que en mí las dos cosas actúan con igual fuerza, que son como mi alma y mi cuerpo actuando al unísono.

En definitiva, soy bueno porque saco lo mejor de ti.

Todas las recetas de este libro llevan entre sus ingredientes chocolate y, como tal, nos ayudarán en todo en lo que nos puede ayudar el chocolate, aunque es cierto que en ciertas recetas también colaborarán otros ingredientes, que actuarán en uno u otro sentido.

En las recetas en las que no se especifica se puede emplear tanto chocolate solo como con leche.

Las recetas pueden adecuarse a un número mayor o menor de comensales reduciendo o incrementando las cantidades, aunque la receta básica está pensada para cuatro personas. Los primeros y segundos platos se encuentran en un mismo apartado, ya que la mayoría de estos últimos se pueden tomar cómo si se tratase de un primero. Podemos alternar un plato que contenga chocolate, a modo de terapia con otras recetas o platos que no lo contengan. Podemos utilizar estas recetas especiales para situaciones puntuales, como para cuando tengamos que asistir a una reunión en la que necesitamos resultar especialmente agradables, para una reunión de empresa, con amigos o para sentirnos mejor en el trabajo, ya que nos proporciona otra predisposición de ánimo.

Si tenemos invitados, podemos conseguir una comida diferente y envolvente gracias al aroma profundo y amable del chocolate, al mismo tiempo que degustamos una comida exquisita y bien presentada, con la o las cualidades más adecuadas para los invitados, incluidos nosotros mismos. Es evidente que debemos aprovechar al máximo la oportunidad que se nos brinda para que la invitación se convierta en un acontecimiento realmente único que repercutirá fuera de nuestra mesa y en nuestro ambiente, de un modo especial cuando se comienza a conocer el arte de las energías que dominan todo. No olvidemos que absolutamente todo en el universo es energía y vibración y que esta última es consecuencia de la primera, es la frecuencia en que ésta se mueve, y, por tanto, tenemos que aprender a mirar más allá de lo simple y aparente.

Podríamos tomar como ejemplo el piano gracias al cual suena un tipo de música concreto, la música clásica. Para un profano sólo es música, e incluso puede parecerle aburrida sin poder hacer ninguna distinción respecto a sus notas. Pero un día alguien le explica ese tipo de música, la escala musical, la diferencia entre un re sostenido y un si bemol, entonces entenderá que ante él se abre un abanico que jamás había sospechado. Lo mismo ocurre con la pintura, las matemáticas o la medicina. Al ampliarse poco a poco su conocimiento empezará a percibir y a captar energías y vibraciones diferentes, antes insospechadas por él. Lo desconocido se aproxima ahora tanto a su mundo de experiencias que puede afirmar que ha aprendido a percibir y, por tanto, a conocer algo nuevo.

La barrera entre lo que llamamos físico y lo energético la establece la persona, porque incluso lo más físico es energía estable durante un tiempo, que más tarde volverá a su primera fase. Aunque éste no es el tema que nos ocupa, sí he creído conveniente aclararlo un poco en aras a un mejor entendimiento relacionado con los efectos energéticos y, por qué no, físicos de nuestro querido chocolate. *Bon appétit.*

Por cierto, en algunos países al chocolate se le tiene gran estima y consideración.

Primeros y segundos platos intercambiables

Tallarines
con aceitunas y chocolate

Nivel de dificultad – Medio • Tiempo de preparación – 35 minutos • Tiempo de cocción – *Chocolate:* 7 minutos – *Tallarines:* unos 8 minutos – *Sofrito:* 8 minutos

Preferentemente, para cuando sentimos cierto decaimiento moral y necesitamos recuperar nuestra autoestima y sentido del deber y de la responsabilidad.

Ingredientes:

Para los tallarines:
- Agua
- 400 g de tallarines
- Un poco de aceite de girasol para el sofrito
- ½ cebolla grande
- 2 tomates medianos
- Sal
- 15 aceitunas verdes sin hueso
- 15 aceitunas negras sin hueso
- 1 lata pequeña de anchoas

Para preparar el chocolate:
- 450 ml de agua o leche
- 65 g de chocolate negro para preparar a la taza
- 1 ½ cucharadita de harina fina de maíz (opcional para espesar el chocolate)
- 1 cucharadita de azúcar
- Una pizca de pimienta negra
- Una pizca de orégano

Preparación para 4 personas:

1. En primer lugar, hay que preparar una salsa de buen chocolate no excesivamente espeso; para ello, la cantidad utilizada de chocolate debe ser la necesaria para obtener dos tazas. No añadas canela, simplemente una pizca de pimienta negra y orégano seco bien picado. Remueve con cuidado la mezcla. El orégano simplemente debe hacerse patente en el sabor; para ello, es preferible añadir un poco e ir probándolo hasta conseguir el sabor deseado. Algo parecido debe aplicarse a las salsas, especialmente la primera vez que las elaboramos. Tan sólo con la práctica conseguiremos maestría.

2. Una vez preparada la salsa, resérvala y lleva a ebullición los tallarines en agua caliente con un poco de sal. Deben estar al dente; después, cuélalos.

3. En una cazuela de barro, vierte un poco de aceite, y, cuando esté caliente, añade la cebolla cortada en dados pequeños. Una vez esté dorada, agrega los dos tomates también cortados en dados, la sal, las aceitunas verdes y negras sin hueso, previamente cortadas en trozos y, por último, las anchoas cortadas en trocitos muy pequeños. Con respecto a las aceitunas, he advertido que son ideales para el decaimiento. Mezcla bien los ingredientes con la ayuda de una espátula de madera y, finalmente, añade los tallarines, mezclándolos ligeramente.

4. Por último, sirve en un plato y cubre con un cucharón de salsa de chocolate.

Pasta de caracolas
(*galets*) con carne y chocolate

Nivel de dificultad – Medio • Tiempo de preparación – 45 minutos
• Tiempo de cocción – *Chocolate:* 7 minutos –
Pasta de galets: unos 18 minutos – *Sofrito:* 12 minutos

Preferentemente, para cuando necesitamos recuperar valores perdidos o el gusto por las tradiciones que nos hacían sentir bien y daban estabilidad y sentido a nuestras vidas.

Ingredientes:

Para el relleno:
– Unos 500 g de carne picada de ternera
– ¼ de cebolla mediana
– 5 g de pasas sultanas
– Una pizca de canela
– Una pizca de pimienta negra
– Un poco de perejil y sal
– ¼ de tomate y 1 huevo
– Unos 60 g de harina
– Un poco de aceite de girasol para hacer el sofrito
– 40 caracolas (galets) grandes al huevo (10 por persona)
– Caldo de carne y verduras, 3 litros aproximadamente.

Para preparar el chocolate:
– 450 ml de agua
– 65 g de chocolate negro para preparar a la taza
– 1 cucharadita de harina fina de maíz (opcional para espesar)
– 1 cucharadita de azúcar
– Una pizca de canela en polvo
– 30 g de pasas de corinto o sultanas

Preparación para 4 personas:

1. Ralla la cebolla no demasiado fina.

2. Saltea en una sartén con un poco de aceite los ingredientes para el relleno, incluidas unas cuantas pasas y una pizca de canela.

3. Cuando la carne esté un poco dorada, agrega el huevo y un poco de harina para ligar la carne y conseguir un relleno perfecto. Pásalo por la batidora para que la masa adquiera una textura homogénea.

4. En un poco de caldo, hierve las caracolas. Cuélalas y reserva el caldo para otra ocasión. Obtendrás un caldo mucho más concentrado y sabroso, que podrás aprovechar para otras recetas.

5. Una vez la masa del relleno haya adquirido la temperatura ambiente, rellena las caracolas, presionando ligeramente con la ayuda de un dedo para que la pasta de carne quede compacta.

6. Prepara el chocolate a la taza, con una pizca de azúcar, si no lo contiene entre sus ingredientes, y un poco de canela y una cantidad generosa de pasas de Corinto o sultanas. La cantidad de pasas utilizada debe ser generosa. Hay que tener presente que si las dejamos reposar al menos un rato en el chocolate quedarán deliciosas, ya que se habrán fundido los sabores. Una vez esté listo el chocolate, sirve las caracolas en platos individuales y nápalas con la ayuda de un cucharón. Si eres generoso con la cantidad de chocolate, te quedarán más suculentas.

7. Si los comensales todavía no han llegado, o queremos preparar el plato con antelación, lo podemos reservar en el horno para que se conserve caliente, lo mismo que el chocolate.

Pasta de caracolas
(*galets*) con marisco y chocolate

Nivel de dificultad – Medio • Tiempo de preparación – 45 miutos • Tiempo de cocción – *Sofrito:* 10 minutos – *Pasta de caracolas (galets):* unos 18 minutos – *Chocolate:* 7 minutos

Preferentemente, para cuando necesitamos liberar nuestra energía sexual, como es lógico dependerá de otros factores, pero asimismo sentiremos su ayuda. Aunque éste no sea el propósito de su preparación no olvidemos que será siempre un plato de apertura.

Ingredientes:

Para el relleno:
– 500 g de carne de marisco variado, (peso sin concha): mejillones, gambas y almejas
– 250 g de rape
– 2 dientes de ajo, sal
– Una pizca de pimienta negra
– Una pizca de perejil
– Una pizca de eneldo
– 1 huevo
– Unos 60 g de harina
– Un poco de aceite de girasol para hacer el sofrito
– 40 caracolas grandes al huevo (10 por persona)
– Unos 3 litros de caldo de pescado

Para preparar el chocolate:
– 450 ml de agua
– 1 cucharadita de azúcar
– 65 g de chocolate negro para preparar a la taza
– 1 ½ cucharadita de harina fina de maíz (opcional para espesar el chocolate)
– Un poco de perejil cortado muy fino
– 40 g de almendras tostadas picadas
(también se puede utilizar chocolate a la taza ya preparado)

Preparación para 4 personas:

1. Limpia el marisco, o si lo prefieres, puedes adquirirlo sin su concha, ya limpio. Retira la espina central del rape y deja únicamente la carne.

2. Calienta el aceite en una sartén. Una vez esté caliente, añade el marisco y el rape limpios. Agrega los dientes de ajo, sal, una pizca de pimienta negra, un poco de perejil cortado muy fino, eneldo y, cuando tome un poco de color, el huevo y la harina suficiente como para que se pueda ligar la pasta.

3. Mezcla todos los ingredientes de manera homogénea; para ello, es preferible emplear un tenedor primero y después los dedos.

4. Mientras tanto, cuece al dente las caracolas en el caldo de pescado preparado y colado. Cuando hierva, incorpora una pastilla de caldo de pescado. Cuando las caracolas estén cocidas, resérvalas. El caldo se puede aprovechar para otro plato; para ello, es aconsejable conservarlo en el congelador. Es delicioso, ya que está más concentrado.

5. Rellena cuidadosamente las caracolas, presionando con el dedo para que queden perfectas.

6. El chocolate debe prepararse ligeramente espeso; para ello, se puede añadir un poco de harina fina de maíz, si fuera necesario. Hay que tener en cuenta que si el chocolate tiene azúcar añadido, no hay que agregar más, ya sólo debe quedar ligeramente dulce.

7. Si no vamos a servir el plato de inmediato, se pueden reservar en el horno tanto las caracolas como el chocolate para que se conserven templados.

8. Para servir, cubre las caracolas con un poco de chocolate, espolvorea con una pizca de perejil picado fino y esparce unas cuantas almendras tostadas y picadas. Para aquellas personas a las que les guste mucho el chocolate, podemos poner el resto en una salsera para que el comensal pueda servirse a su gusto.

Espaguetis
con setas y chocolate

Nivel de dificultad – Medio • Tiempo de preparación – *espaguetis:* unos 8 minutos – *sofrito:* 12 minutos – *chocolate:* 7 minutos

Preferiblemente para la aceptación bien entendida, necesaria y conveniente, una cualidad ligada a la humildad y a la sabiduría.

Ingredientes:

– Agua
– 400 g de espaguetis
– Un poco de aceite de girasol para hacer el sofrito y sal
– 250 g de setas, al gusto
– 100 g de champiñones
– 60 g de cerezas rojas en almíbar
– Una picada de ajo y perejil
– Un chorrito corto de vino de mistela o de Málaga

Para preparar el chocolate:
– 450 ml de agua o leche
– 65 g de chocolate negro o con leche, para hacer a la taza
– 1 cucharadita de azúcar
– 30 g de nueces troceadas
– 4 trozos enteros de nuez
(también se puede utilizar chocolate a la taza ya preparado)

Preparación para 4 personas:

1. Hierve en agua con sal los espaguetis. Una vez estén cocidos, cuélalos y resérvalos.

2. Calienta en una sartén el aceite, y cuando esté listo, agrega las setas, los champiñones, las cerezas en almíbar cortadas en cuatro trozos cada una y una buena picada de ajo y perejil. Cuando las setas y los champiñones estén ya cocidos, vierte un chorrito corto de vino de mistela (fuerte y ligeramente dulzón) y deja que se reduzca un poco. Después, pasa el contenido de la sartén a una cacerola más amplia, añade los espaguetis y mézclalos con mucho cuidado.

3. Deja que reposen unos minutos pero sin que lleguen a enfriarse.

4. Una vez preparado el chocolate, añade unas cuantas nueces troceadas, remueve cuidadosamente y viértelo en una salsera para que cada comensal pueda servirse a su gusto. Para coronar el plato, podemos añadir una nuez en cada plato a modo de decoración.

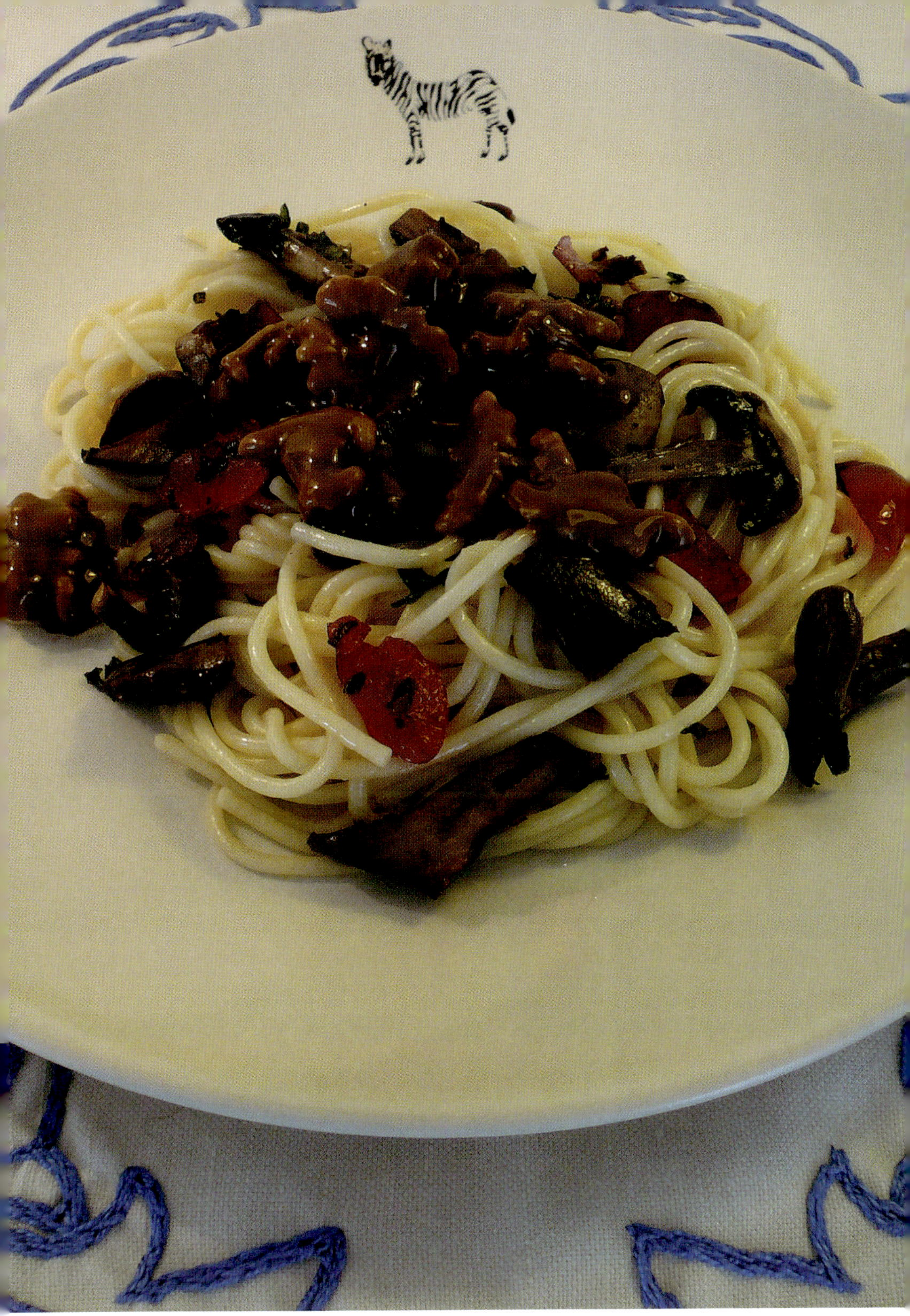

Taquitos de jamón de york
con bechamel y chocolate

Nivel de dificultad – Medio • Tiempo de preparación – 25 minutos
• Tiempo de cocción – *Fritura:* 7 minutos –
Bechamel: unos 10 minutos – *Chocolate:* 7 minutos

Para cualquier situación.

Ingredientes:

– 500 g de jamón de york en un trozo
– 50 g de harina
– Sal
– 1 huevo grande
– 80 g de galleta picada
– Un poco de aceite de girasol para freír
– 450 ml de salsa bechamel con mantequilla o margarina
– Una pizca de nuez moscada
– Una pizca de canela molida

Para preparar el chocolate:
– 450 ml de leche
– 65 g de chocolate con leche para preparar a la taza
– 1 cucharadita de azúcar
– ½ cucharadita de mantequilla
– Una pizca de canela molida
– Unos 30 g de piñones enteros
– Media trufa laminada
(también se puede utilizar chocolate a la taza ya preparado)

Preparación para 4 personas:

1. Corta el trozo de jamón de york en pequeños dados de unos 2,5 cm. Rebózalos en harina, pásalos por huevo batido y galleta picada y dóralos en una sartén con poco aceite bien caliente. Después, resérvalos en una bandeja amplia.

2. Prepara la salsa bechamel no demasiado clara, con la mantequilla o margarina, la nuez moscada y la canela molida. El modo más sencillo es poner en un cazo la mantequilla y seguidamente 2-3 cucharadas de harina, cuando empiece a tomar color se le añade la leche (unos 500 ml.) que con la reducción quedará en 450 ml; a continuación se incorpora la nuez moscada y un poco de canela. Se deja espesar la salsa y se pasa por la batidora; así quedará perfecta.

3. Elabora el chocolate con leche para preparar a la taza como de costumbre. Si el chocolate no contiene azúcar, añade una pizca; además, incorpora un poco de mantequilla para suavizar la mezcla, canela y, cuando este casi preparado agrega unos cuantos piñones y parte de una trufa laminada. Remueve bien la preparación con una espátula de madera y déjala reposar a fin de que se mezclen bien los sabores. Es preferible prepararlo con un poco de antelación.

4. Vierte la bechamel por encima de los taquitos de jamón de york hasta cubrirlos por completo y después cubre con el chocolate de la misma manera. Tendrás un plato fácil de preparar, con un aspecto delicioso y con todas las cualidades del chocolate.

Hamburguesa
de chocolate

Nivel de dificultad – Medio • Tiempo de preparación – 18 minutos • Tiempo de cocción – *Chocolate:* 7 minutos – *Hamburguesas:* 8 minutos

Esta receta es perfecta para algunos estudiantes en sus horas intensas de estudio, cuando es necesario sentirse bien con uno mismo, tener ánimo para el estudio y una dosis mínima de concentración. También es perfecta para atenuar el desgaste mental en las personas adultas, cuando disponen de poco tiempo para comer. Aquí el chocolate nos regala bienestar y cierta y sutil alegría que nos permite seguir con nuevos ánimos.

Ingredientes:

Para el bocadillo:
- 4 panecillos grandes con sésamo (uno por persona)
- Un chorrito de aceite de girasol
- 4 hamburguesas de ternera (una por persona)
- Unos 20 g de ralladura o fideos de chocolate
- 2 hojas de lechuga de roble
- 1 rodaja de naranja por hamburguesa
- 3 rodajas de pepinillo por hamburguesa

Para preparar el chocolate:
- 350 ml de agua o leche
- 50 g de chocolate con leche para hacer a la taza
- 1 cucharadita de harina fina de maíz (opcional para espesar el chocolate)
- Una pizca de pimienta negra
- Canela y 3/4 de cucharadita de azúcar

(también se puede utilizar chocolate a la taza ya preparado)

Preparación para 4 personas:

1. Prepara un suculento chocolate a la taza y añade una pizca de pimienta negra, canela y un poco de azúcar y remuévelo hasta que esté listo. El chocolate debe tener cierta consistencia, de manera que si fuera necesario agrega un poco de harina de maíz para que espese. Cuando esté listo, déjalo reposar y resérvalo.

2. Puedes elaborar la hamburguesa tú mismo, ya que es muy fácil. En este caso, incorpora a la carne picada un poco de ralladura de chocolate y mézclalo. Si has comprado la hamburguesa ya preparada, deshazla, agrega la ralladura de chocolate y mezcla para que la preparación quede homogénea.

3. Cocina la hamburguesa a la plancha, prácticamente sin aceite; debe quedar en su punto.

4. Prepara el panecillo o los panecillos (dependiendo del número de comensales que seamos) y, con la ayuda de un cucharón pequeño, vierte un poco de chocolate por encima de una de las caras. El chocolate puede estar frío o caliente, dependiendo de la época del año, así como de lo que más nos apetezca. Incorpora un poco de lechuga de roble. Hay que destacar que el color de esta lechuga combina perfectamente con el del chocolate. Agrega después la hamburguesa, fría o caliente, y encima una rodaja fina de naranja pelada a ser posible dulce, y sobre ella tres rodajas de pepinillo cortadas finas.

5. Vierte también un poco de chocolate en el otro lado del panecillo sin escatimar, cierra el panecillo y ¡ya está lista para que la degustéis!

6. Los panecillos con sésamo y virutas de chocolate son ideales como decoración. Si ni disponemos de este tipo de panecillos podemos esparcir un poco de la ralladura de chocolate. El plato es ideal con un buen vaso de refresco de cola bien fresquito.

Variado de lechugas
con emperador y chocolate

Nivel de dificultad – Bajo • Tiempo de preparación – 20 minutos
• Tiempo de cocción – *Emperador:* 9 minutos – Chocolate: 7 minutos

Especialmente indicada para sacar lo mejor de nuestros invitados; sentiremos cómo a medida que vayamos comiendo, todos nos iremos abriendo un poco más rápido y soltando amarras, probadlo.

Ingredientes:

– Diferentes clases de lechugas y escarolas, pero no más de cinco tipos distintos
– 5 cerezas rojas en almíbar
– 5 cerezas verdes en almíbar
– 8 láminas de trufa cortadas muy finas
– Un chorrito de aceite y sal
– 400 g de emperador (o cualquier otro pescado)
– Una pizca de hierbabuena

Para preparar el chocolate:
– 350 ml de agua
– 50 g de chocolate con leche para preparar a la taza
– 1 cucharadita de harina fina de maíz (opcional para espesar el chocolate)
– ¾ de cucharadita de azúcar
– ½ cucharadita de margarina
– ½ cucharadita de salsa de soja
(también se puede utilizar chocolate a la taza ya preparado)

Preparación para 4 personas:

1. Limpia bien los diferentes tipos de lechugas y escarolas elegidas, córtalas en trozos no excesivamente grandes y colócalas en una fuente generosa con unas cuantas cerezas rojas y verdes en almíbar cortadas por la mitad y unas cuantas laminas de trufa cortadas muy finas.

2. Corta en dados el pescado elegido, sálalo y cuécelo en una sartén o plancha con un poco de aceite, espolvoréalo con un poco de hierbabuena y colócalo en la fuente de la mezcla de lechugas; riégalo con un poco del aceite que ha quedado en la sartén.

3. Remuévelo poco a poco y con mucho cuidado para que no se rompan los dados y sírvelo en un plato o en una copa ancha, según se desee. Cubre con un poco de chocolate tibio o a temperatura ambiente a modo de

zigzag y coloca una fina lámina de trufa encima. Un buen vino rosado fresco puede ser el complemento perfecto para nuestro paladar.

Rodajas de tomate
con chocolate y anchoas

Nivel de dificultad – Bajo • **Tiempo de preparación** – 15 minutos
• **Tiempo de cocción** – *Chocolate:* 7 minutos

Esta receta es especial para cuando necesitamos aclarar ideas, en primer lugar por el efecto del tomate a ese respecto, y queramos que esas ideas vayan a alguna parte. Alejándonos de las divagaciones que a nada nos llevan, el chocolate nos ayuda a concretarnos mentalmente para poder salir adelante de un modo u otro, también es un «yo puedo».

Ingredientes:

– 2 o 3 rodajas grandes de tomate para ensalada por persona
– 2 latas pequeñas de anchoas
– 1 tarro de sucedáneo de caviar (la proporción debe ser la misma que la de las anchoas)

Para preparar el chocolate:
– 450 ml de agua
– 1 cucharadita de azúcar
– 65 g de chocolate negro para hacer a la taza
– Una pizca de pimienta negra
– 1 o 2 anchoas bien picadas con la batidora (opcional)
– Un poco de perejil
(también se puede utilizar chocolate a la taza ya preparado)

Preparación para 4 personas:

1. Limpia los tomates y los córtalos en rodajas de grosor medio. Es preferible que compremos tomates grandes. En el caso de que sean gigantes, es suficiente con dos rodajas por persona.

2. Corta las anchoas sobre una tabla de madera en pequeños trozos de un centímetro. Reserva el exceso de aceite de la lata, que puede aprovecharse para aliñar y dar sabor a una ensalada cortada en juliana que acompañe a los tomates.

3. Prepara el chocolate con leche; no debe quedar espeso para poderlo repartir con más facilidad.

4. Pon en un cuenco las anchoas y el sucedáneo de caviar y mézclalos con la ayuda de una cuchara. Distribuye esta preparación entre los tomates y colócalos en una bandeja o directamente en cada plato. Vierte tres cucharadas soperas de chocolate sobre cada rodaja de tomate y corona el plato espolvoreando con un poco de perejil picado muy fino.

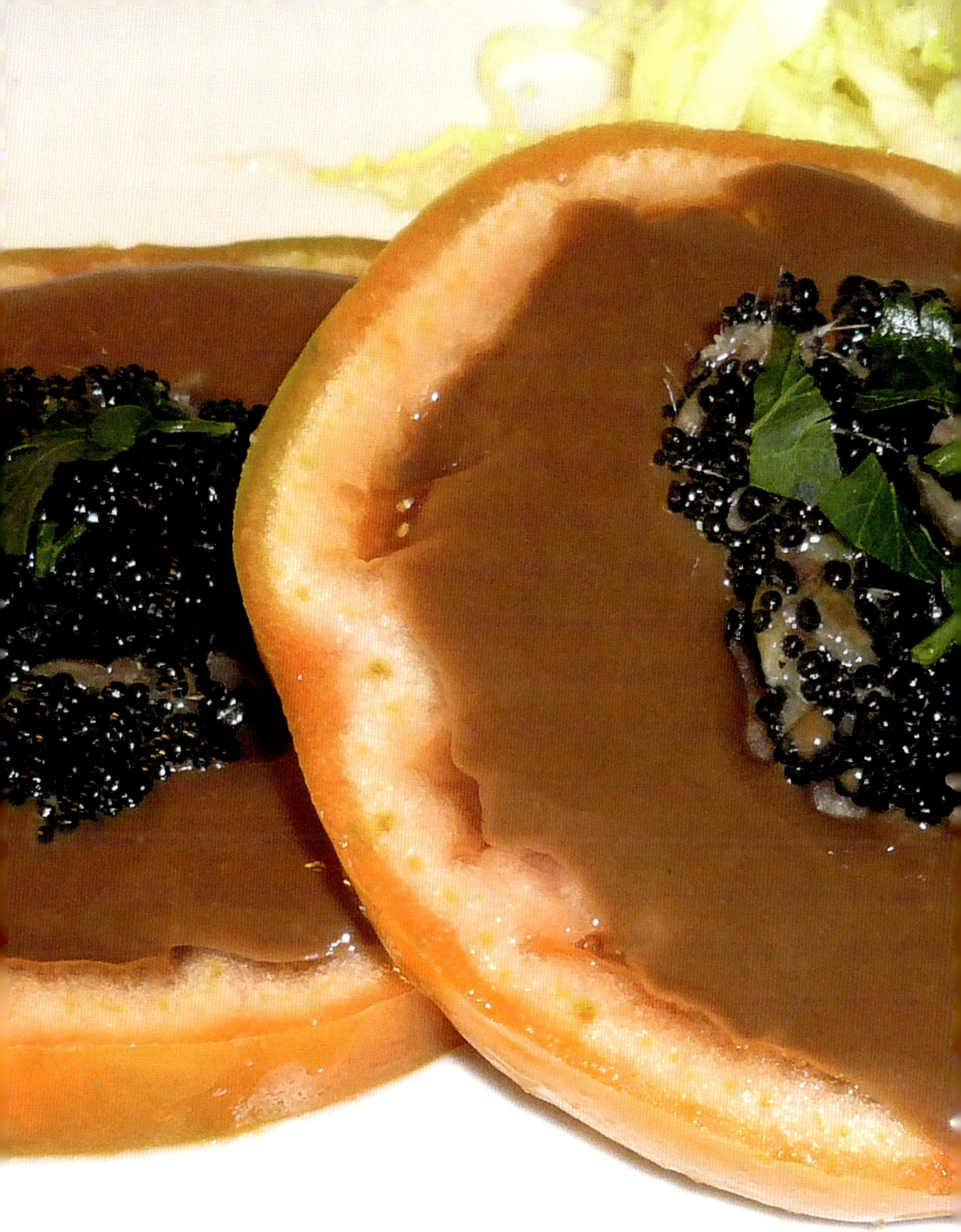

Tomates rellenos
de almejas y almejones al chocolate

Nivel de dificultad – Bajo • Tiempo de preparación – 20 minutos
• Tiempo de cocción – *Sofrito de setas:* 9 minutos
– *Chocolate fundido:* 5 minutos

*Especialmente indicado para la
desmotivación, ayuda a valorarnos.*

Ingredientes:

Para el relleno:
– 1 tomate grande de ensalada por persona
– Un chorrito de aceite de oliva
– 300 g de setas o níscalos
– Sal
– 1 diente de ajo
– 20 g de pasas sultanas
– 300 g de almejas congeladas, sin las conchas
– Una pizca de hierbas provenzales
– 2 latas de almejones

Para preparar el chocolate:
– 60 g de chocolate negro en tableta
– 3-5 cucharadas de agua

Preparación para 4 personas:

1. Limpia los tomates y corta una especie de sombrero en la parte superior a modo de cazuela y vacíalos con la ayuda de un vaciador o con una cucharita de postre, teniendo cuidado de que no se rompan. Los tomates para ensalada son ideales; además, la pulpa la podemos utilizar para otra receta.

2. Corta las setas en pequeños trozos, añade un poco de sal y saltéalas en una sartén con un poco de aceite. Pica bien el diente de ajo y añádelo a la sartén junto con unas cuantas pasas sultanas. Incorpora las almejas con una pizca de hierbas provenzales unos minutos después. Remueve para que se fusionen bien los sabores, y, por último, cuando todo esté en su punto, agrega las dos latas de almejones sin su jugo y mezcla bien.

3. Cuando esté lista la preparación, con la ayuda de una cuchara, rellena los tomates, pero teniendo cuidado de añadir la proporción justa para evitar que el relleno quede hasta los bordes. Coloca los tomates en un plato o una fuente.

4. Prepara el chocolate; para ello, derrítelo al baño María, sin dejar de remover con una cuchara de madera. Cuando esté fundido, añade unas cinco cucharadas de agua y sigue removiendo lentamente a fuego lento

durante 2 minutos, el tiempo en que se mezcla el agua con el chocolate. Apaga el fuego y vierte dos o tres cucharadas soperas sobre cada tomate como si quisieras crear una tapa.

5. Cuando el chocolate se enfríe, quedará consistente. Sirve los tomates, si lo deseas, con un poco de escarola tierna coronada con unas aceitunas negras.

Huevos rellenos
de pimientos con chocolate

Nivel de dificultad – Bajo • Tiempo de preparación – 20 minutos
• Tiempo de cocción – *Chocolate:* 7 minutos –
Huevos: 10 minutos – *Sofrito:* 8 minutos

Ingredientes:

Para el relleno:
– Agua
– 8 huevos grandes
– Un poco de aceite de girasol para freír
– 1 pimiento rojo
– 1 pimiento verde
– Sal

Para preparar el chocolate:
– 250 ml de agua o leche
– 35 g de chocolate negro o con leche para hacer a la taza
– ½ cucharadita de azúcar
– 1 cucharadita rasa de harina fina de maíz
– 16 perlas de pastelería del color deseado

(también se puede utilizar chocolate a la taza ya preparado)

Preparación para 4 personas:

1. Hierve los huevos, déjalos enfriar, pélalos y córtalos por la mitad. Retira las yemas y coloca las mitades de clara en una fuente y las yemas en un plato pequeño.

2. Vierte un poco de aceite en una sartén, agrega los pimientos rojos y los verdes cortados en dados minúsculos, añade un poco de sal y tápalos para que se cocinen. Después, incorpora las yemas cocidas y, con la ayuda de una espumadera, ve dando vueltas a la preparación.

3. Una vez cocinada, la reservaremos durante un rato hasta que adquiera una temperatura que nos permita trabajar la masa. Rellena las claras cocidas con la preparación. El relleno debe quedar como una especie de montaña.

4. Prepara el chocolate (más o menos una cantidad para dos tazas). Una vez esté listo, cubre con él las mitades de huevo y corona con una perla de pastelería.

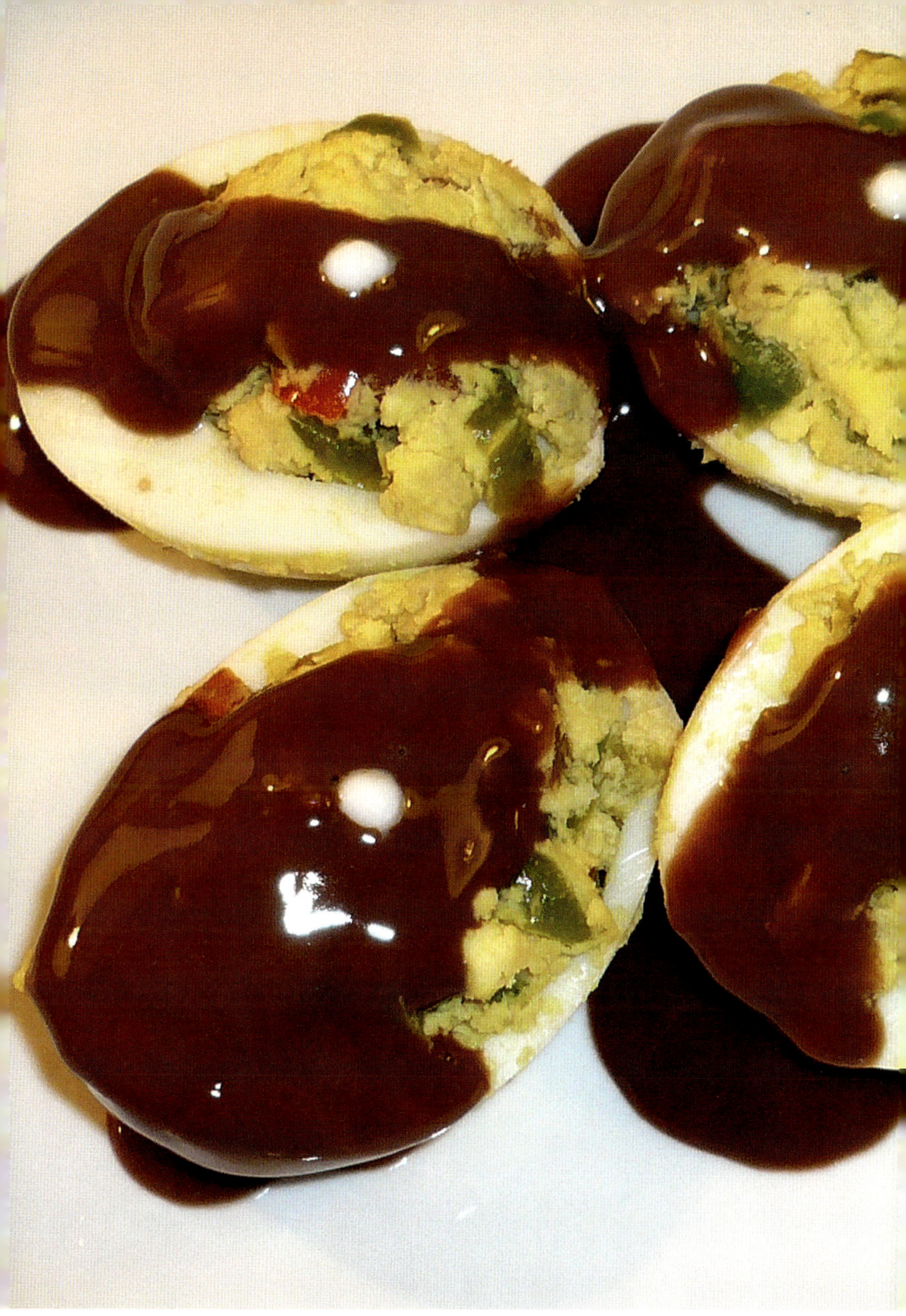

Calamares
rebozados al chocolate

Nivel de dificultad – Medio • Tiempo de preparación – 20 minutos • Tiempo de cocción – *Fritura:* 8 minutos – *Chocolate:* 7 minutos

Preferentemente, para cuando necesitemos ser más concretos y actuar de una forma más concreta.

Ingredientes:

– 600 g de anillas de calamar
– Sal
– 100 g de harina
– 50 g de chocolate en polvo
– 2 huevos
– ¼ de sobre de levadura
– Aceite de girasol para freír

Para preparar el chocolate:
– 350 ml de agua o leche
– 50 g de chocolate con leche para hacer a la taza
– 3/4 de cucharadita de azúcar
– Un chorrito de vino rancio
(también se puede utilizar chocolate a la taza ya preparado)

Preparación para 4 personas:

1. Limpia bien los calamares. Rebózalos como de costumbre. Añade un poco de levadura a la harina para rebozar para que queden más esponjosos y un poco de chocolate en polvo, únicamente para que adquiera color. Mezcla bien la preparación para rebozar.

2. Vierte aceite abundante en una sartén para freír los calamares. Ten en cuenta que deben quedar dorados, en este caso quizás más de lo normal, ya que has añadido chocolate y que le aporta color.

3. A medida que estén listos, ve colocando los calamares en una fuente y vierte por encima un poco de chocolate caliente a la taza al que previamente le habrás agregado un chorrito de vino rancio. El sabor de estos calamares es sorprendente gracias a la combinación de ingredientes.

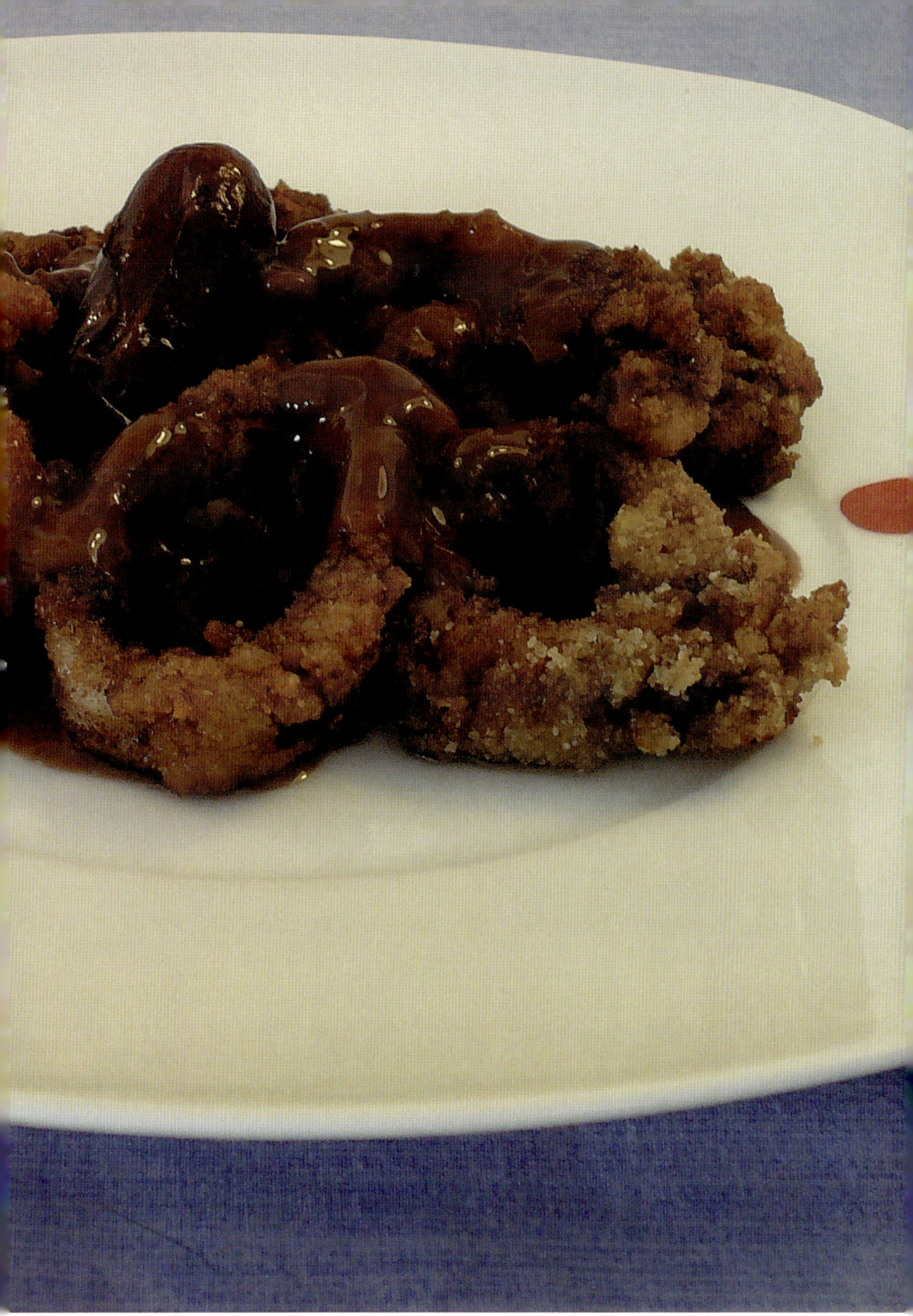

Revoltillo
de jamón serrano al chocolate

Nivel de dificultad – Bajo • Tiempo de preparación – 20 minutos • Tiempo de cocción – *Chocolate:* 7 minutos – *Revoltillo:* 14 minutos

Preferentemente, para no dejarnos pisar.

Ingredientes:

– 300 g de champiñones
– 350 g de jamón serrano en lonchas
– Un chorrito de aceite de girasol
– Sal
– 1 cucharada de mantequilla
– Un poco de perejil cortado fino
– 2 hojas de laurel
– 4 huevos
– Un chorrito de vino blanco

Para preparar el chocolate:
– 250 ml de agua o leche
  ½ cucharadita de azúcar
– 35 g de chocolate con leche para hacer a la taza
– 2 champiñones ya cocinados, pasados por la batidora con el chocolate (opcional)
(también se puede utilizar chocolate a la taza ya preparado)

Preparación para 4 personas:

1. Limpia los champiñones y córtalos en cuatro trozos cada uno, excepto los más grandes, que tendrás que cortarlos en trozos pequeños.

2. Compra el jamón serrano en lonchas no excesivamente finas. Córtalo en pequeñas tiras rectangulares de unos 4 cm de largo.

3. Vierte un poco de aceite en una sartén y cuando esté caliente agrega los champiñones troceados con una pizca de sal. Cuando estén prácticamente cocidos, añade el jamón serrano cortado, una cucharada de mantequilla, un poco de perejil picado fino, 2 hojas de laurel y los cuatro huevos crudos. Remueve bien el revoltillo con la ayuda de una cuchara de madera e incorpora un chorrito de vino blanco. Cuando reduzca un poco, vierte una taza de chocolate a la taza. Acompáñalo con un poco de pan para mojar.

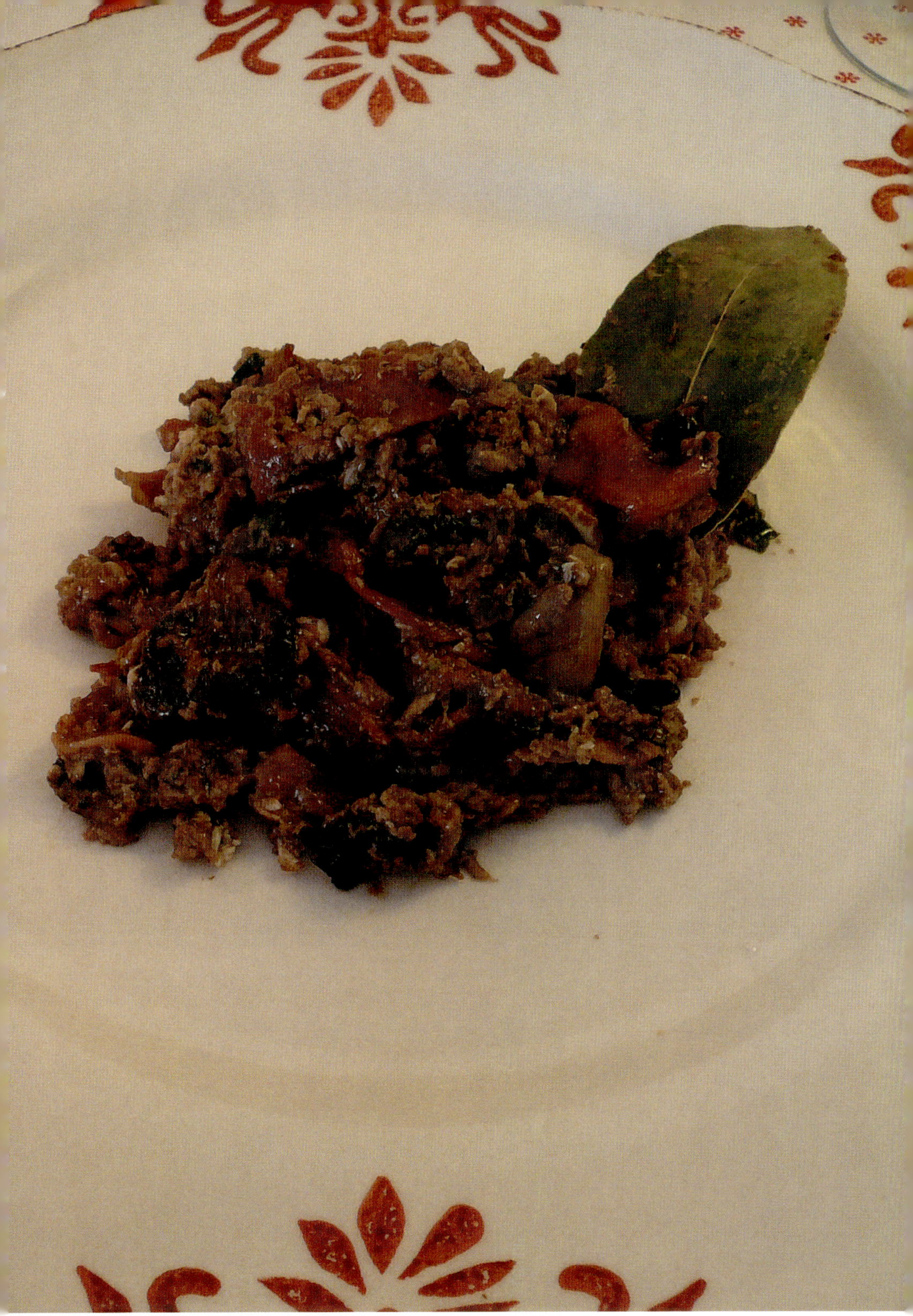

Habas al chocolate

Nivel de dificultad – Medio • Tiempo de preparación – 30 minutos
• Tiempo de cocción – *Habas:* 20 minutos

Preferentemente, para ampliar horizontes y sentir armonía en nuestro entorno y también en nuestro interior.

Ingredientes:

- 700 g de habas (congeladas o frescas, limpias)
- Un poco de aceite de girasol para el sofrito
- Sal
- ½ cebolla
- 1 tomate
- 3 hojas de laurel
- 3 hojas de menta o 1 ramita de hierbabuena
- Unos 30 g de pasas sultanas
- ¼ de tableta de chocolate negro
- Agua

Preparación para 4 personas:

1. Vierte en una cazuela, a ser posible de barro, el aceite necesario para sofreír las habas. Cuando esté caliente, agrégalas a la cazuela y añade un poco de sal, la media cebolla troceada fina, el laurel, las tres hojas de menta o la ramita de hierbabuena, fresca, o, en su defecto, seca, y, por último, las pasas al gusto.

2. Ralla una cuarta parte de la tableta de chocolate con la ayuda de un rallador y resérvalo.

3. Mezcla bien el sofrito para que se fusionen los sabores, y cuando haya adquirido un poco de color, añade el chocolate rallado. Deja que se mezclen los sabores durante unos minutos y vierte el agua necesaria para la cocción.

4. Cuando estén listas, sirve las habas. Quedan muy bien con un rabanito a un lado del plato.

5. Como segundo plato es ideal servir un poco de pescado; cualquier tipo combinará a la perfección.

41

Guisantes

con trufa al chocolate

Nivel de dificultad – Medio • Tiempo de preparación – 30 minutos • Tiempo de cocción – 18 minutos

Preferentemente, para no andarnos por las ramas y decir lo que debemos sintiendo que «no pasa nada»; también para ser espontáneos.

Ingredientes:

- Un poco de aceite de girasol para hacer el sofrito
- 650 g de guisantes
- 1 trufa pequeña
- ¼ de cebolla
- Sal
- Un poco de tomillo
- Una pizca de pimienta negra
- 1 tomate pequeño
- Una pizca de salsa de soja
- ¼ de tableta de chocolate con leche
- Agua

Preparación para 4 personas:

1. Vierte un poco de aceite en una cazuela de barro. Cuando esté caliente, agrega los guisantes, la trufa laminada, la cebolla, sal, el tomillo, fresco o seco, y un poco de pimienta negra.

2. Remuévelo unos instantes hasta que adquiera un poco de color y después añade el tomate troceado. Mezcla bien y, transcurridos unos minutos, vierte un chorrito muy fino de salsa de soja, que le conferirá un poco de color, además de un aroma característico.

3. Ralla una cuarta parte de una tableta de chocolate con leche e incorpórala al resto de ingredientes. Remueve bien la preparación y vierte el agua suficiente para que se cuezan los guisantes pero que no queden secos.

4. Como segundo plato es aconsejable tomar carne, puesto que las proteínas de ésta, así como de los embutidos son mejores a nivel energético que las del pescado.

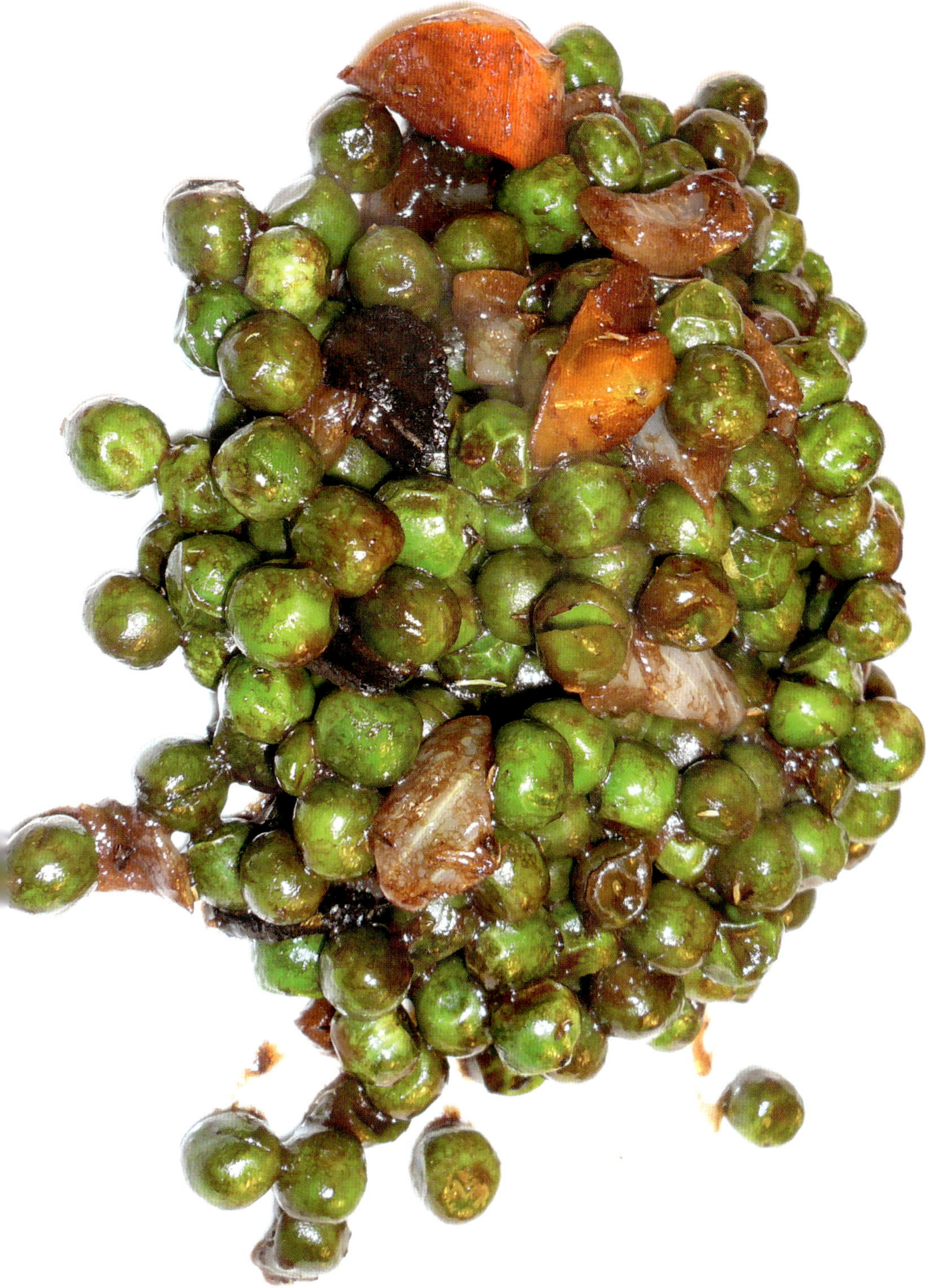

Garbanzos
con beicon al chocolate

Nivel de dificultad – Medio • Tiempo de preparación – 20 minutos
• Tiempo de cocción – *Chocolate:* 7 minutos – *Sofrito:* 12 minutos

Ingredientes:

- Un poco de aceite de girasol
- 200 g de beicon ahumado en lonchas
- Un poco de hierbas provenzales
- Una pizca de estragón
- 600 g de garbanzos cocidos
- Sal
- 7 aceitunas negras
- 7 aceitunas verdes rellenas de pimientos
- 4 higos secos (opcional)

Para preparar el chocolate:
- 350 ml de agua o leche
- 50 g de chocolate con leche para hacer a la taza
- ¾ de cucharadita de azúcar
(también se puede utilizar chocolate a la taza ya preparado)

Preparación para 4 personas:

1. Vierte en un poco de aceite en una sartén. A continuación incorpora el bacon cortado en trocitos junto con las hierbas provenzales y una pizca de estragón. Cocina a fuego moderado para que no se seque.

2. Añade a esta mezcla los garbanzos cocidos y las aceitunas enteras. Remuévelo durante unos instantes.

3. Por último, retira la sartén del fuego; vierte el chocolate a la preparación, remueve y ya estará listo para servir.

4. De manera opcional, puedes colocar sobre los garbanzos y el beicon, un higo seco encima a modo de decoración, su sabor acabará de armonizar

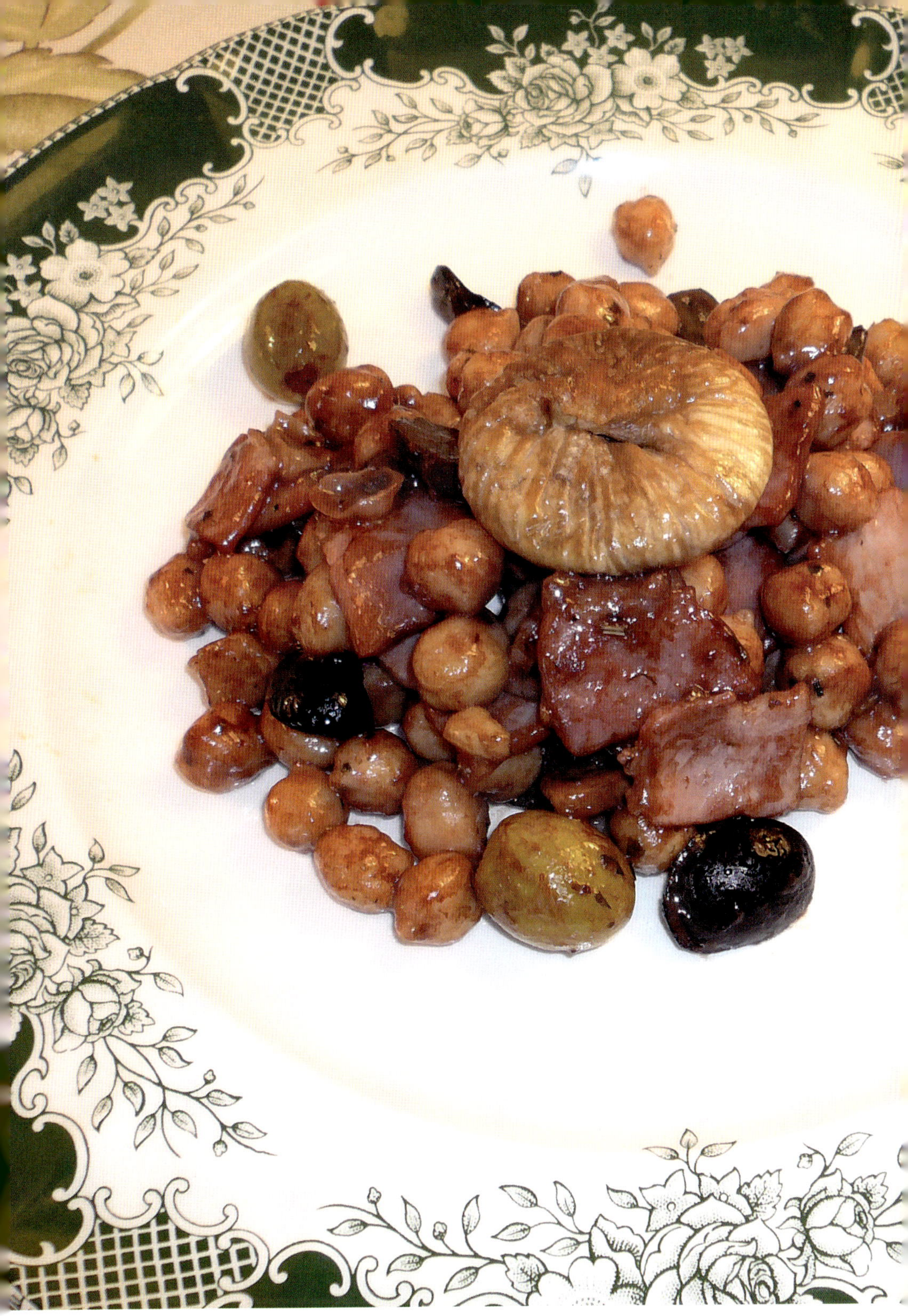

Hamburguesa
de pescado con chocolate

Nivel de dificultad – medio • Tiempo de preparación – 20 minutos
• Tiempo de cocción – *Chocolate:* 7 minutos
– *Hamburguesa:* unos 8 miutos.

Ingredientes:

– Un poco de aceite de girasol
– 150 g de rape
– 150 g de merluza
– 100 g de lenguado
– Un poco de perejil
– Una pizca de pimienta negra
– 1 huevo y sal
– 40 g de harina
– Unas cuantas virutas o fideos de chocolate
– 4 panecillos para hamburguesas sin sésamo

Para preparar el chocolate:
– 350 ml de agua o leche
– 50 g de chocolate negro para hacer a la taza
– ¾ de una cucharadita de azúcar
– 1 cucharadita de harina fina de maíz
– 3 rodajas de pepinillo
– Un poco de maíz en lata
– 1 rodaja fina de tomate grande
(también se puede utilizar chocolate a la taza ya preparado)

Preparación para 4 personas:

1. Desmenuza los diferentes tipos de pescado: rape, merluza y lenguado.

2. Vierte un poco de aceite en una sartén y, cuando esté caliente, añade el pescado desmenuzado, sal, el perejil picado muy fino y una pizca de pimienta negra.

3. Cuando el pescado esté ligeramente dorado, agrega un huevo, un poco de harina y unas virutas o fideos de chocolate. Remueve sin cesar con el fin de obtener una pasta compacta.

4. Cuando la masa tenga una temperatura que permita manipularla, moldea la hamburguesa con las manos o con un molde especial. Si se desea, se puede introducir en el horno para que se conserve caliente.

5. Vierte, con la ayuda de un cucharón pequeño, un poco de chocolate a la taza en uno de los lados del panecillo para hamburguesa. Incorpora tres rodajas finas de pepinillos, la hamburguesa, un poco de maíz de lata y una rodaja fina de un tomate grande y corona con más chocolate caliente. Cubre con el otro lado del panecillo.

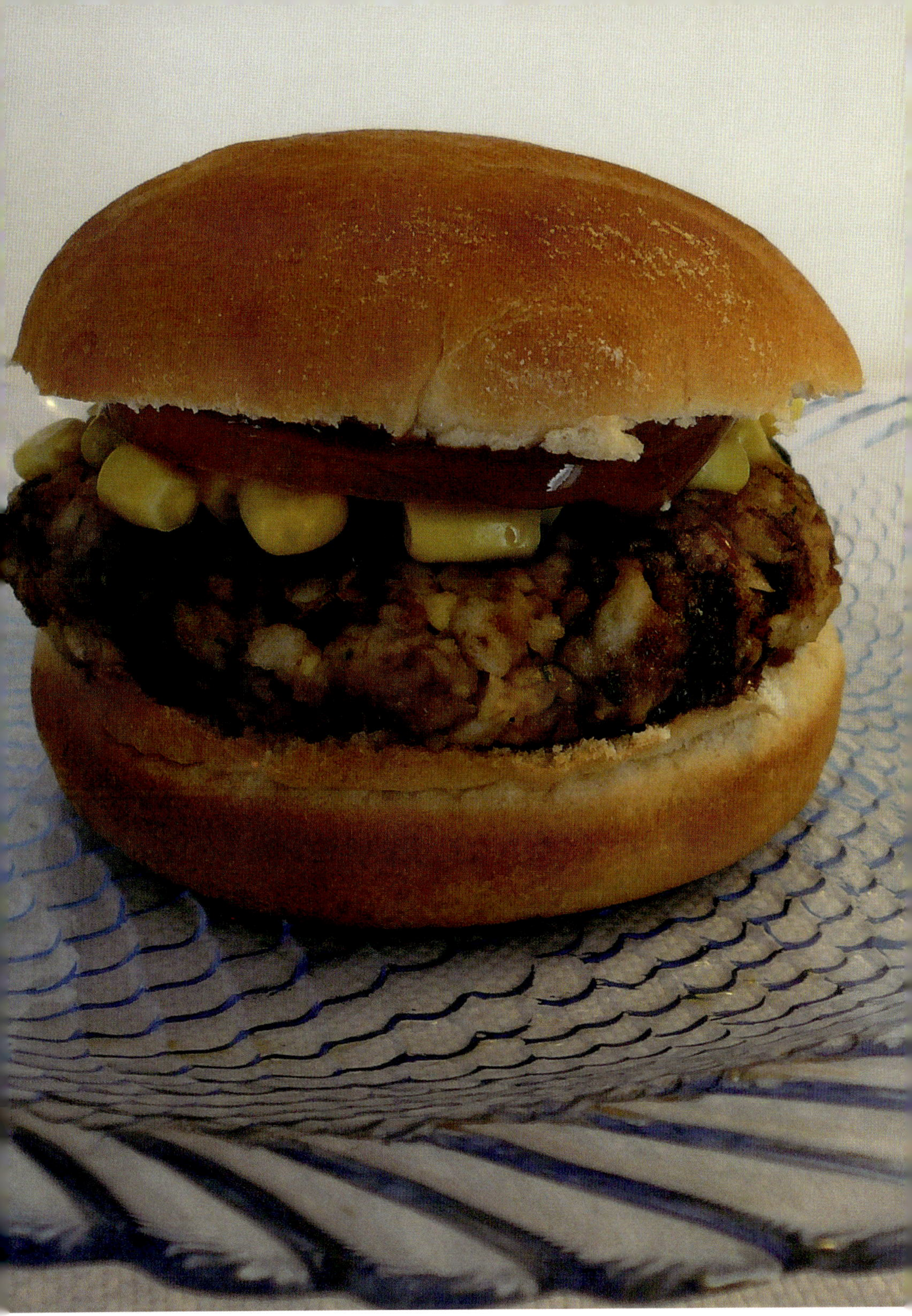

Cogollos de lechuga
rellenos de lechona con chocolate

Nivel de dificultad – Medio • Tiempo de preparación – 25 minutos
• Tiempo de cocción – *Chocolate:* 7 minutos –
Lechona: unos 35 minutos – *Sofrito:* 9 minutos

Por su cantidad de proteínas y por las cualidades esotéricas del chocolate, ésta es la receta adecuada para cuando quedamos con los amigos un día por la noche o para el fin de semana.

A la vez que nos da fuerza mental, nos invita a la comunicación y al diálogo con quienes representan el complemento que nos falta y son un apoyo importante en nuestras vidas: los amigos. Especialmente indicada para salir «de marcha».

Ingredientes:

- 400 g de lechona asada
- Un poco de aceite de girasol
- 250 g de gambas pequeñas peladas
- Sal
- Un poco de zumo de limón
- Una pizca de romero
- 4 cogollos de lechuga (uno por persona)

Para preparar el chocolate:
- 450 ml de agua o leche
- 1 trozo de corteza de limón
- 1 cucharadita de azúcar
- 65 g de chocolate negro para hacer a la taza
- 1 ½ cucharadita de harina fina de maíz
- 1 cucharada del aceite de asar la lechona (opcional)
- ¼ de tableta de chocolate negro o ½ tableta de chocolate blanco

(también se puede utilizar chocolate a la taza ya preparado)

Preparación para 4 personas:

1. En primer lugar, limpia la lechona y ásala. Como la lechona suele consumirse en las fiestas navideñas, en el caso de que nos haya sobrado un poco podemos aprovecharlo para esta receta.

2. Vierte un poco de aceite en una sartén y cuando esté caliente añade las gambas peladas, sal, el zumo de limón y una pizca de romero. Cuando estén hechas, incorpora la lechona deshuesada y cortada en trozos (también se puede agregar la piel crujiente, si se desea) y remueve todo bien para que se fusionen los sabores.

3. Baja el fuego y deja que la mezcla cueza unos dos minutos; después, retira la sartén del fuego.

4. Limpia los cogollos y córtalos por la mitad a modo de dos barcas; en el caso de que fueran muy pequeños, emplea un cogollo y medio por persona.

5. Rellena generosamente cada medio cogollo con la preparación aún caliente con la ayuda de una cuchara. Cuando estén listos, vierte una cantidad generosa de chocolate a la taza caliente, si preparas el plato en invierno y frío si lo elaboras en verano.

6. Corona el plato colocando encima de las barcas un poco de chocolate negro rallado. Si deseas preparar esta receta durante las Navidades o en pleno invierno, adorna las barcas con 1/2 tableta de chocolate blanco rallado, que imitará la nieve. Para que puedas rallarlo con más facilidad, introdúcelo unos minutos en la nevera.

Carne de cerdo
asada con salsa de chocolate

Nivel de dificultad – Medio • Tiempo de preparación – 60 minutos • Tiempo de cocción – *Chocolate:* 7 minutos – *Carne de cerdo asada:* unos 35 minutos a 200 grados – *Horno para acabado:* 12 minutos

Especialmente indicada para cuando nos sentimos un poco inseguros, nos ayuda a devolver la confianza perdida en los raros caminos de la vida.

Ingredientes:

– 750 g de carne de cerdo en un trozo
– Aceite de girasol para el asado
– Sal
– El zumo de 1/2 limón
– Una pizca de pimienta negra
– 1 copita de brandy
– 1 trufa
– 30 g de pasas sultanas
– Un poco de salvia
– 2 naranjas dulces

Para preparar el chocolate:
– 675 ml de agua
– 95 g de chocolate negro para hacer a la taza (debe quedar espeso)
– 1 cucharadita de azúcar
– Un chorrito generoso de vino dulce
– 30 g de pasas sultanas para decorar
(también se puede utilizar chocolate a la taza ya preparado)

Preparación para 4 personas:

1. Asa la carne de cerdo en una sola pieza entera. Para que reduzca lo mínimo al asarla, practica unos cuantos cortes transversales. Antes de introducirla en el horno, añade un poco de aceite, sal, el zumo de limón y un poco de pimienta negra. La carne debe quedar bien dorada por fuera y cocida por dentro.

2. Déjala enfriar. Si se desea, se puede preparar el día anterior o unas cuantas horas antes. Coloca la carne sobre una tabla y, con la ayuda de un cuchillo afilado, córtala en lonchas muy finas. Deja un trozo junto a otro en una bandeja apta para el horno y vierte el aceite que ha quedado del asado. Si utilizas la misma bandeja de asar la carne, límpiala bien para evitar que los restos oscuros queden en la carne y desluzcan el aspecto del plato.

3. Vierte sobre la carne una copita de brandy y coloca una trufa laminada fina, unas cuantas pasas sultanas y un poco de salvia repartida de manera homogénea. Al cabo de unos 7 minutos, da la vuelta a la carne y coloca unas rodajas muy finas de naranjas dulces previamente peladas.

4. Prepara chocolate sin leche a la taza con muy poco azúcar y vierte un chorrito de vino dulce. Mézclalo bien y riega la carne asada y las láminas de naranja. Después, esparce por encima unas cuantas pasas más y sírvelo con gracia, acompañado de unas suculentas patatas asadas. Se puede degustar con zumo de naranja.

Chuletas de lomo
con sobrasada y chocolate

Nivel de dificultad – Medio • Tiempo de preparación – 30 minutos
• Tiempo de cocción – *Chuletas:* 8 minutos – *Langostinos:*
7 minutos – *Horneado:* 8 minutos – *Chocolate:* 7 minutos

Ingredientes:

– 2 chuletas de lomo de cerdo por persona
– Aceite de girasol
– Sal
– Una picada de ajo y perejil
– 2 langostinos grandes por persona
– 125 g de sobrasada de calidad
– 25 g de piñones
– 25 g de pasas sultanas

Para preparar el chocolate:
– 450 ml de agua hervida durante dos minutos con las cáscaras de los langostinos.
– 65 g de chocolate negro para hacer a la taza
– 1 cucharadita de azúcar
– 1 ½ cucharadita de harina fina de maíz (opcional para espesar el chocolate) o chocolate ya preparado hirviendo en él, las cáscaras de los langostinos unos minutos para después colarlo.

Preparación para 4 personas:

1. Cocina a la plancha todas las chuletas con un poco de sal, un chorrito de aceite y ajo y perejil picados. Cuando estén listas, colócalas en una bandeja amplia.

2. Cocina los langostinos del mismo modo, con sal, un chorrito de aceite y ajo y perejil picados. Cuando estén cocidos, pela el cuerpo y deja la cabeza a modo de decoración.

3. Pon la sobrasada en un plato y añade unos cuantos piñones y pasas. Mezcla bien esta preparación y unta con ella cada una de las chuletas. Después, corónalas con un langostino colocado con gracia sobre cada una de ellas.

4. Pon las chuletas una junto a la otra en una fuente amplia e introdúcelas en el horno a 190 grados unos ocho minutos para que la sobrasada se deshaga un poco. Retira la bandeja del horno.

5. Prepara un chocolate espeso y ponlo en una manga pastelera mientras esté caliente. Traza tres líneas transversales cruzadas sobre cada chuleta y colócalas, con la ayuda de una espumadera, en los platos para servirlas. Puede acompañarse con un puré de patatas al chocolate.

Puré de patata
al chocolate

Nivel de dificultad – Bajo • Tiempo de preparación – 30 minutos • Tiempo de cocción – *Chocolate:* 7 minutos – *Patatas:* 12 minutos

Indicada también para los mayores, esta receta puede hacer las delicias de los pequeños a los que les cuesta sentir simpatía por algunas comidas, puede ayudar a ver las cosas de diferente manera dada la moldeabilidad del puré y la influencia del chocolate.

Ingredientes:

– 750 g de patatas
– Sal
– 3 cucharadas rasas de mantequilla o margarina
– 1 huevo
– Una pizca de salvia
– Una pizca de hierbabuena

Para preparar el chocolate:
– 250 ml de agua
– 35 g de chocolate negro para hacer a la taza
– ½ cucharita de azúcar
– 1 ½ cucharadita de harina fina de maíz
– ¼ de tableta de chocolate negro para hacer virutas
– 40 g de nueces troceadas
(también se puede utilizar chocolate a la taza ya preparado)

Preparación para 4 personas:

1. Pela las patatas, córtalas en trozos grandes y hiérvelas con poca agua. Una vez estén cocidas, pásalas por el pasapurés o la batidora y añade un poco de sal la mantequilla o margarina, el huevo, una pizca de salvia y un poquito de hierbabuena secas y molidas (un molinillo eléctrico de café resulta de gran ayuda).

2. Prepara una taza y media de chocolate caliente a la taza sin leche bastante espeso con el fin de que el puré de patatas no quede aguado. Mézclalo con las patatas en la batidora. El puré debe adquirir un tono marrón; si queda demasiado claro, agrega un poco más de chocolate.

3. Sirve el puré en el plato y corónalo con unas virutas de chocolate sin leche y unas nueces ligeramente troceadas. Puedes preparar tú mismo las virutas rallando una tableta de chocolate.

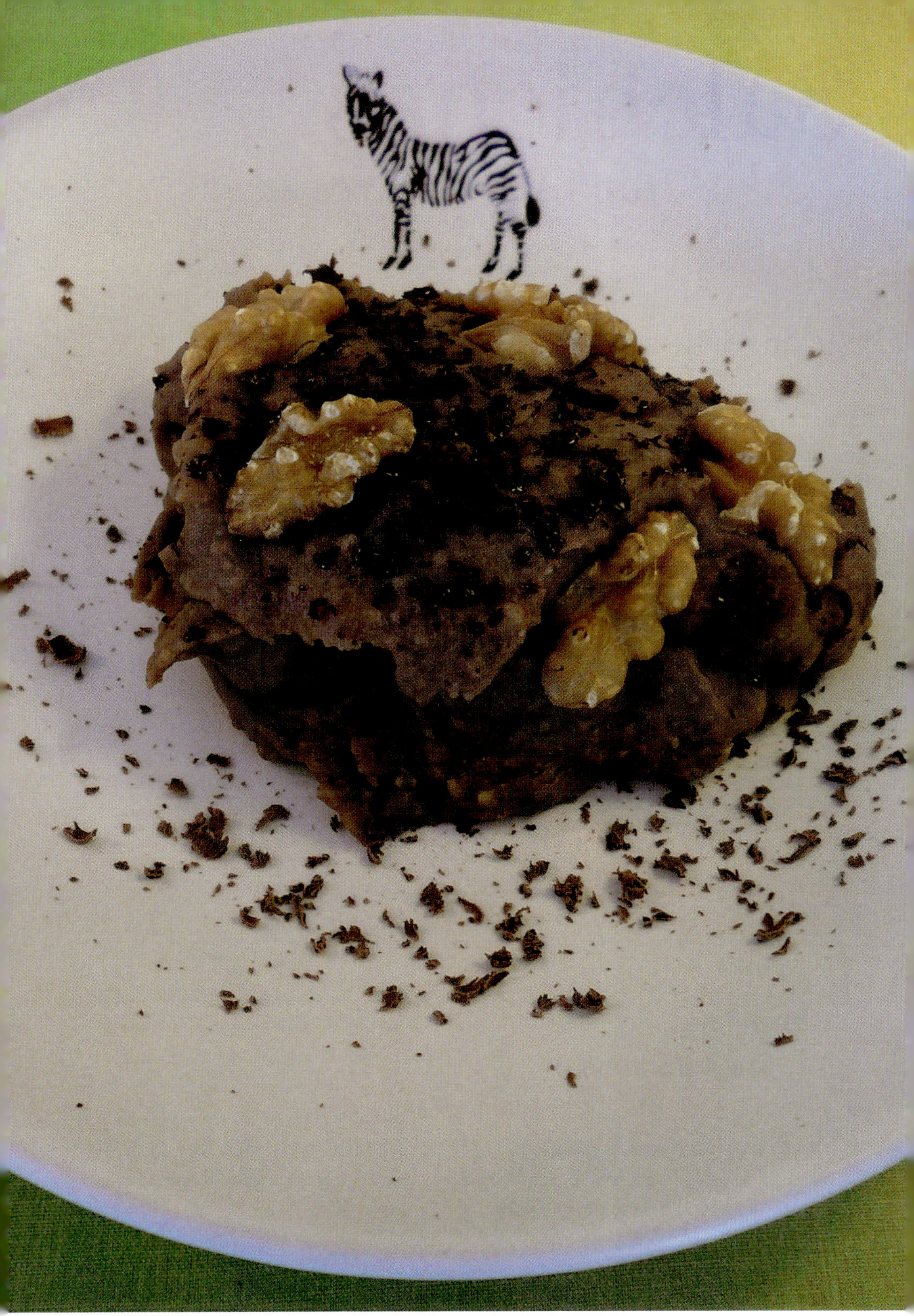

Salchichas
de frankfurt con tres salsas

Nivel de dificultad – Bajo • Tiempo de preparación – 25 minutos • Tiempo de cocción – *Salsa de chocolate:* 7 minutos – *Salchichas:* 5 minutos

Ingredientes:

- ½ escarola
- Un chorrito de aceite de oliva
- Un chorrito de vinagre de manzana o de salsa de soja
- 2 salchichas grandes tipo Frankfurt por persona
- Un poco de salsa mahonesa, fina o light
- Un poco de kétchup y sal

Para preparar el chocolate:
- 350 ml de agua
- 65 g de chocolate negro para hacer a la taza
- 3/4 de cucharadita de azúcar
- 1 cucharadita colmada de harina fina de maíz
- 1 cucharadita de mantequilla
- 6 nueces picadas
- ½ manzana

(también se puede utilizar chocolate a la taza ya preparado)

Preparación para 4 personas:

1. En primer lugar, prepara la escarola; para ello, lávala bien y córtala como desees y alíñala con la sal, el aceite y el vinagre de manzana (añade muy poco de este último). Si lo deseas puedes sustituir el vinagre por un chorrito escaso de salsa de soja.

2. Coloca la escarola en cada plato a modo de nido. Cuece las salchichas de Frankfurt a la plancha, y cuando estén listas colócalas sobre la escarola, dos por plato.

3. Ten preparadas las tres salsas. La mahonesa puedes sustituirla por una salsa ligera de sabor más suave o por mahonesa light, el kétchup también puede ser bajo en azúcar o light y la salsa de chocolate debe prepararse como el chocolate a la taza sin leche, con una cucharada de mantequilla y espeso.

4. Realiza tres franjas gruesas en diagonal con las salsas sobre las salchichas de Frankfurt, combinando los tres colores como desees. Después, esparce las nueces picadas por encima y 1/2 manzana pelada y cortada en láminas finísimas, que distribuiremos por el plato.

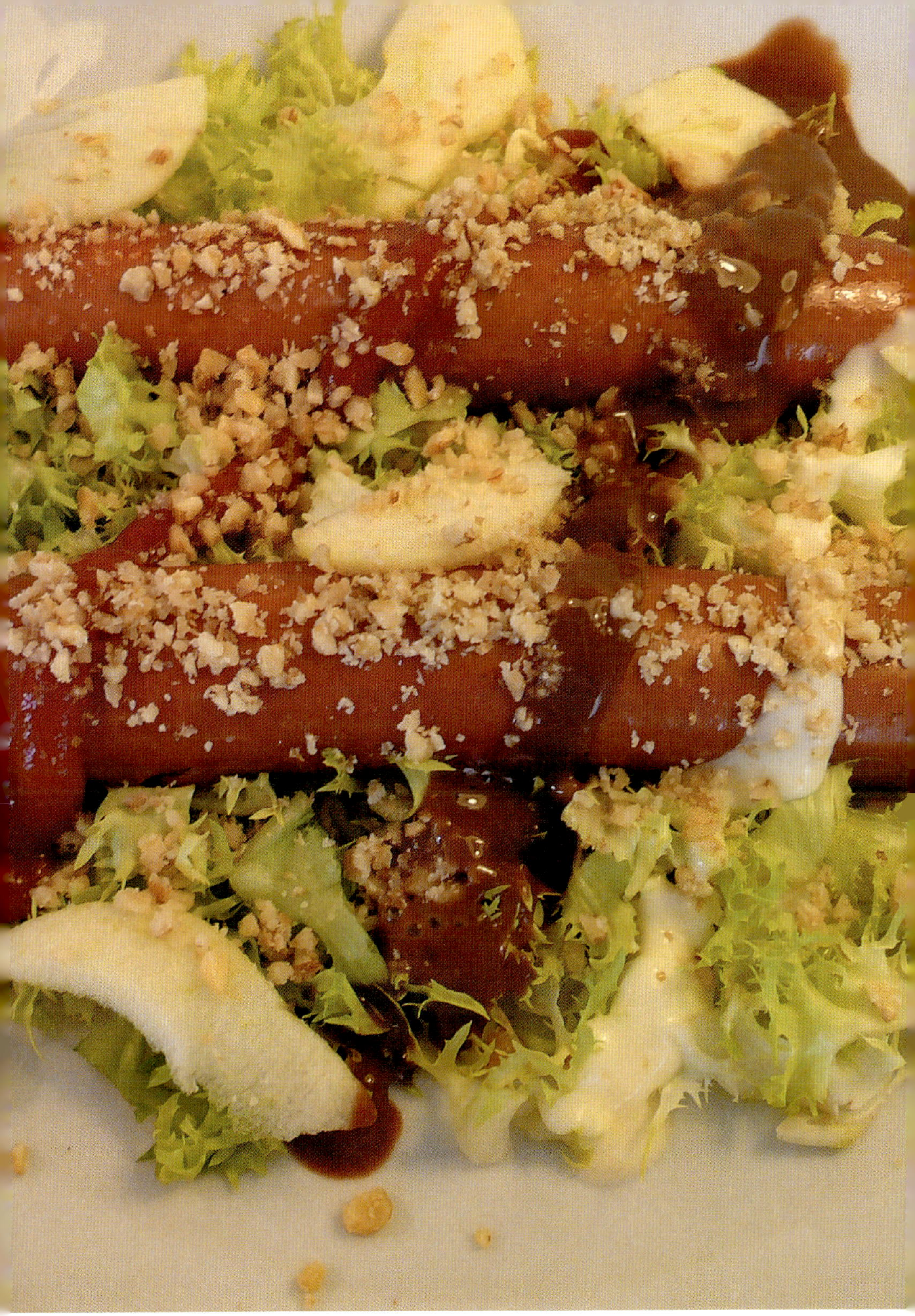

Ternera asada
con nata y chocolate

Nivel de dificultad – Medio • Tiempo de preparación – 55 minutos • Tiempo de cocción – *Asado:* 35 minutos a 200 grados – *Chocolate:* 7 minutos

Una receta para envolvernos y envolver a nuestros invitados en un aire de celebración, fiesta y ocasión especial, al menos en lo referente a lo que le ofrecemos: nuestros mejores deseos, endulzando la comunicación y los sentimientos.

Ingredientes:

– 750 g de carne de ternera para asar
– Aceite de girasol para el asado
– Sal
– Una pizca de pimienta negra
– Zumo de 1/2 limón
– 8 ciruelas confitadas secas dátiles confitados
– 200 g de nata montada

Para preparar el chocolate:
– 450 ml de agua
– 65 g de chocolate con leche para hacer a la taza
– 1 cucharadita de azúcar
– 1 ½ cucharadita de harina fina de maíz
– 1 cucharada de aceite del asado
– 1 lata pequeña de pimientos rojos pasados por la batidora (se puede añadir opcionalmente al chocolate una vez está hecho)
(también se puede utilizar chocolate a la taza ya preparado)

Preparación para 4 personas:

1. Prepara la carne de ternera. Para ello, colócala en una bandeja y añádele sal, aceite, pimienta negra y el zumo de limón e introdúcela en el horno para que se cueza. Deja que se enfríe para poder cortarla en rodajas finas. Si se desea también se puede preparar el día anterior y reservarla sin cortar para que no se seque.

2. Córtala y colócala en la bandeja junto con el jugo de la cocción. Esparce las ciruelas confitadas enteras y los dátiles cortados por la mitad y sin hueso. Introdúcela de nuevo en el horno hasta que la carne de ternera esté totalmente cocida por dentro.

3. Añade la nata montada y mézclala con la ternera. Después, distribuye una capa de chocolate con leche a la taza y sírvelo.

Puede acompañarse de algo ligero, como una ensalada, a la que le podemos añadir rabanitos, nueces, aceitunas rellenas de anchoas y pimientos rojos en lata.

Lomo a las 5 hierbas
con anís y chocolate

Nivel de dificultad – Bajo • Tiempo de preparación – 30 minutos
• Tiempo de cocción – *Lomo:* unos 10 minutos
– *Salsa de chocolate:* 7 minutos

Preferentemente, para abrir energías en cualquier ámbito ya sea en el laboral, en los estudios o, sobre todo, en los negocios. Incita al movimiento, por lo que es ideal para llegar más facilmente a un acuerdo o a una iniciativa nueva en el mundo de los pactos y negocios.

Ingredientes:

– 2 trozos de lomo por persona
– Un poco de aceite de girasol
– Sal
– Una pizca de cinco hierbas mezcladas: eneldo, orégano, salvia, hinojo y alfábrega
– 5 cucharadas soperas de aceite de oliva
– Un chorrito de anís

Para preparar el chocolate:
– 350 ml de agua
– 50 g de chocolate negro para hacer a la taza (debe quedar espeso)
– ½ cucharadita de azúcar
(también se puede utilizar chocolate a la taza ya preparado)

Preparación
para 4 personas:

1. Cocina el lomo a la plancha con muy poca sal para que el sabor no sea demasiado fuerte. Pon en un cuenco las cinco hierbas (el eneldo, el orégano, la salvia, el hinojo y la alfábrega) y 5 cucharadas soperas de aceite de oliva. Remuévelo bien y déjalo reposar un rato. Distribuye sobre el lomo una cantidad suficiente de esta preparación con la ayuda de una cucharita de postre, dale la vuelta y repite la operación. Si sobrara algo de este preparado, lo podemos reservar para otra receta, como unas salchichas de pollo.

2. Cuando el lomo ya esté listo, si lo deseas, riégalo con un chorrito de anís antes de retirarlo del fuego y un poco de chocolate preparado a la taza sin leche y casi sin azúcar.

3. A la hora de emplatar, puedes decorar con 2 orejones de albaricoque sobre un trocito de turrón de jijona, cortado muy fino. De ese modo se consigue una sinfonía de sabores extraordinaria.

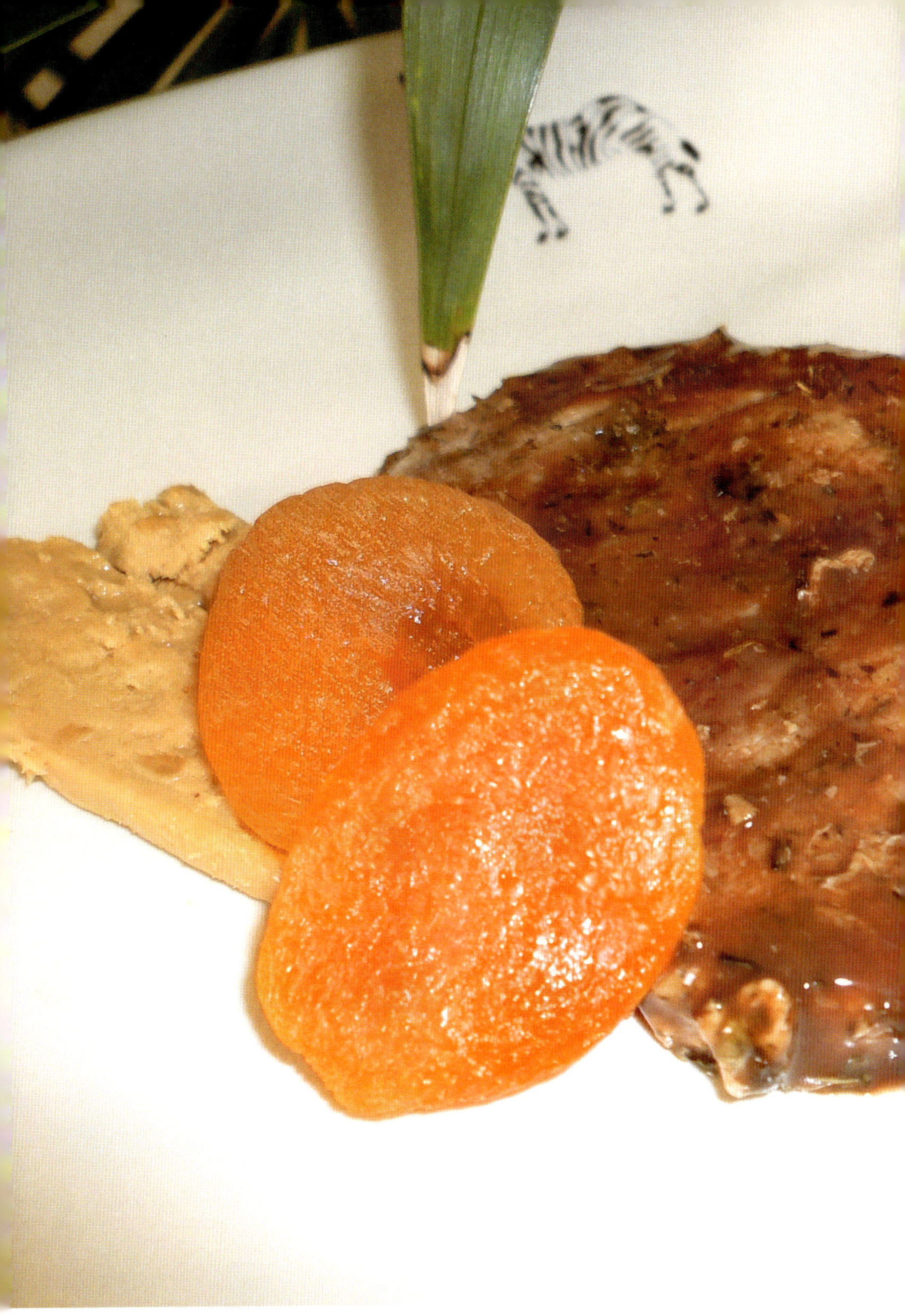

Butifarra con sobrasada y butifarrones al chocolate

Nivel de dificultad – Bajo • Tiempo de preparación – 25 minutos
• Tiempo de cocción – *Butifarra: unos 10 minutos – Setas:* 7 minutos

Preferentemente para cuando necesitamos integrarnos en un ambiente determinado. Nos ayuda a conseguir el punto de conformidad y aceptación que necesitamos para poder realizar el cambio.

Ingredientes:

– Aceite de girasol
– 2 trozos de butifarra por persona de 10-12 cm cada uno
– Un poco de agua
– 300 g de níscalos
– Sal
– Un poco de perejil
– Un poquito de tomillo
– 6 dátiles confitados
– 100 g de sobrasada
– 200 g de butifarrones
– ¼ de tableta de chocolate negro para hacer virutas o fideos de chocolate

Preparación para 4 personas:

1. Vierte un poco de aceite en una sartén grande. Cuando esté caliente, agrega dos trozos de butifarra por persona. Si deseas que salpique menos mientras la fríes, practícale unos pequeños cortes en la superficie. Cuando esté dorada, añade una pizca de agua con el fin de que se cuezan por dentro. Deja que se evapore y retira la butifarra.

2. En otra sartén, saltea las setas con un poco de aceite, sal, perejil, tomillo y los dátiles confitados cortados por la mitad y sin el hueso. Cuando esté listo, pasa las setas y los dátiles a la sartén de la butifarra, incorpora la sobrasada en pequeños trozos, los butifarrones cortados en trocitos pequeños y las virutas de chocolate. Mantén esta preparación en el fuego unos minutos más para que la sobrasada y los trocitos de los butifarrones se cocinen. La finalidad es que los distintos sabores se fusionen. Remueve la mezcla y retírala del fuego.

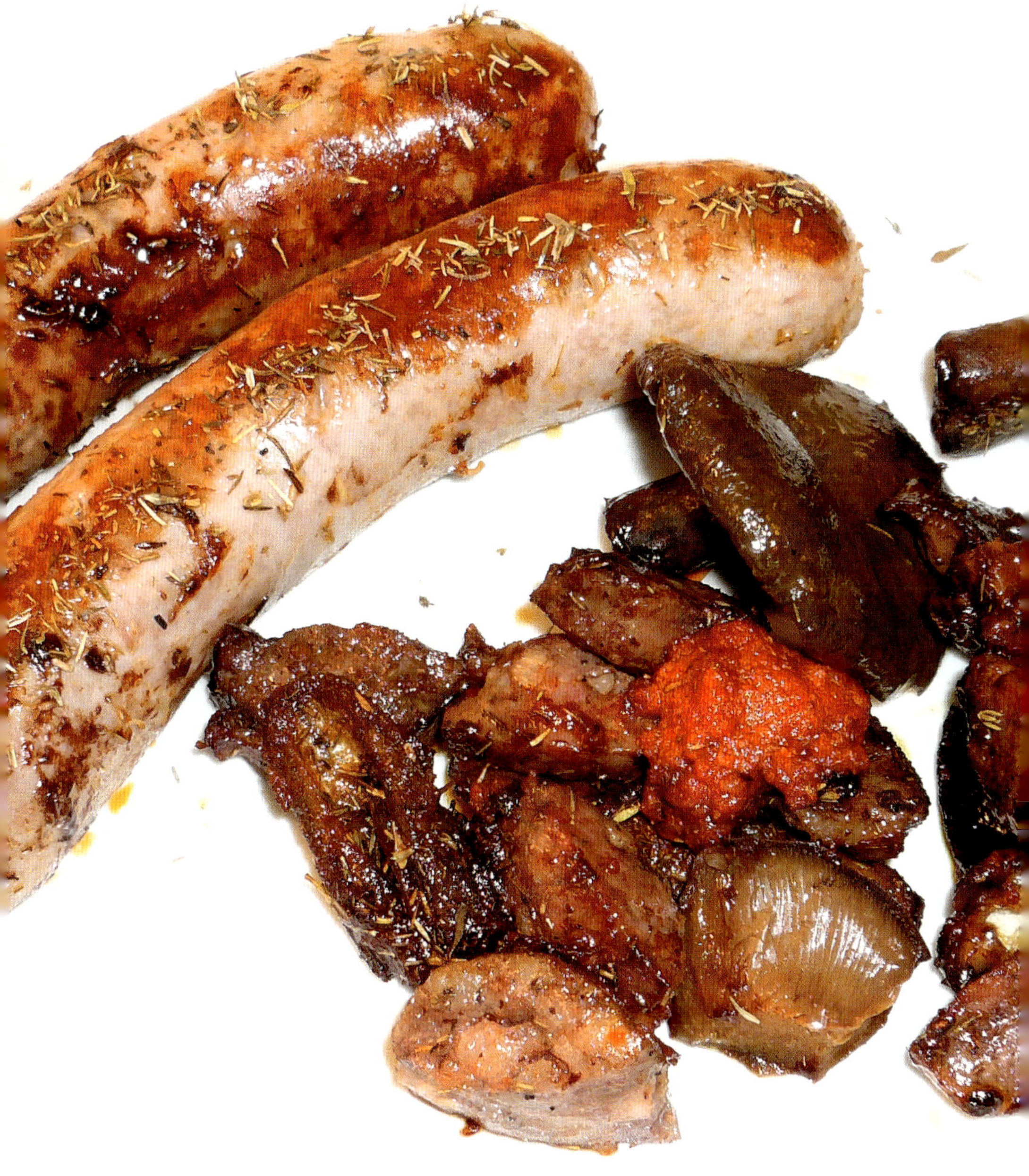

Guisantes
y zanahorias con chocolate

Nivel de dificultad – Bajo • Tiempo de preparación – 25 minutos • Tiempo de cocción – *En una olla a presión:* unos 7 minutos – *Chocolate:* 7 minutos

Ingredientes:

– Un poco de aceite de girasol
– 400 g de guisantes
– 300 g de zanahorias
– 1 diente de ajo
– 3 hojas de laurel
– Un poco de tomillo (fresco o seco)
– 1 tomate pequeño y 1/4 de cebolla
– Un chorrito de vino dulce
– Agua y sal
– 4 huevos (1 por persona)

Para preparar el chocolate:
– 250 ml de agua o leche
– 35 g de chocolate negro o con leche para hacer a la taza
– ½ cucharadita de azúcar
– 1 cucharadita de harina fina de maíz (opcional para espesar el chocolate)
– Podemos mezclar con la batidora unos cuantos guisantes y algunos dados de zanahoria cocidos con el chocolate
(también se puede utilizar chocolate a la taza ya preparado)

Preparación para 4 personas:

1. Si dispones de poco tiempo, la receta también puede prepararse en una olla a presión con un resultado magnífico. Vierte un poco de aceite en la olla y cuando esté caliente, agrega los guisantes, las zanahorias cortadas en dados, sal, el diente de ajo entero, las tres hojas de laurel enteras, un poco de tomillo, el tomate entero con un ligero corte, la cebolla troceada y un chorrito de vino dulce. Remueve de vez en cuando hasta que quede dorado. Después, añade el agua suficiente para cubrir los ingredientes y agrega un huevo crudo por persona con su cáscara.

2. Retira el exceso de agua, (si no ha reducido lo suficiente), el diente de ajo, el laurel y el tomate. Quita la cáscara a los huevos y córtalos en cuatro trozos. Colócalos en una fuente junto con los guisantes y las zanahorias.

3. Prepara una taza de chocolate a la taza, si lo deseas con leche. Mézclalo con cuidado con el resto de ingredientes en la fuente para no romper excesivamente los huevos. El chocolate espesará el plato y aportará sabor a los guisantes y a las zanahorias.

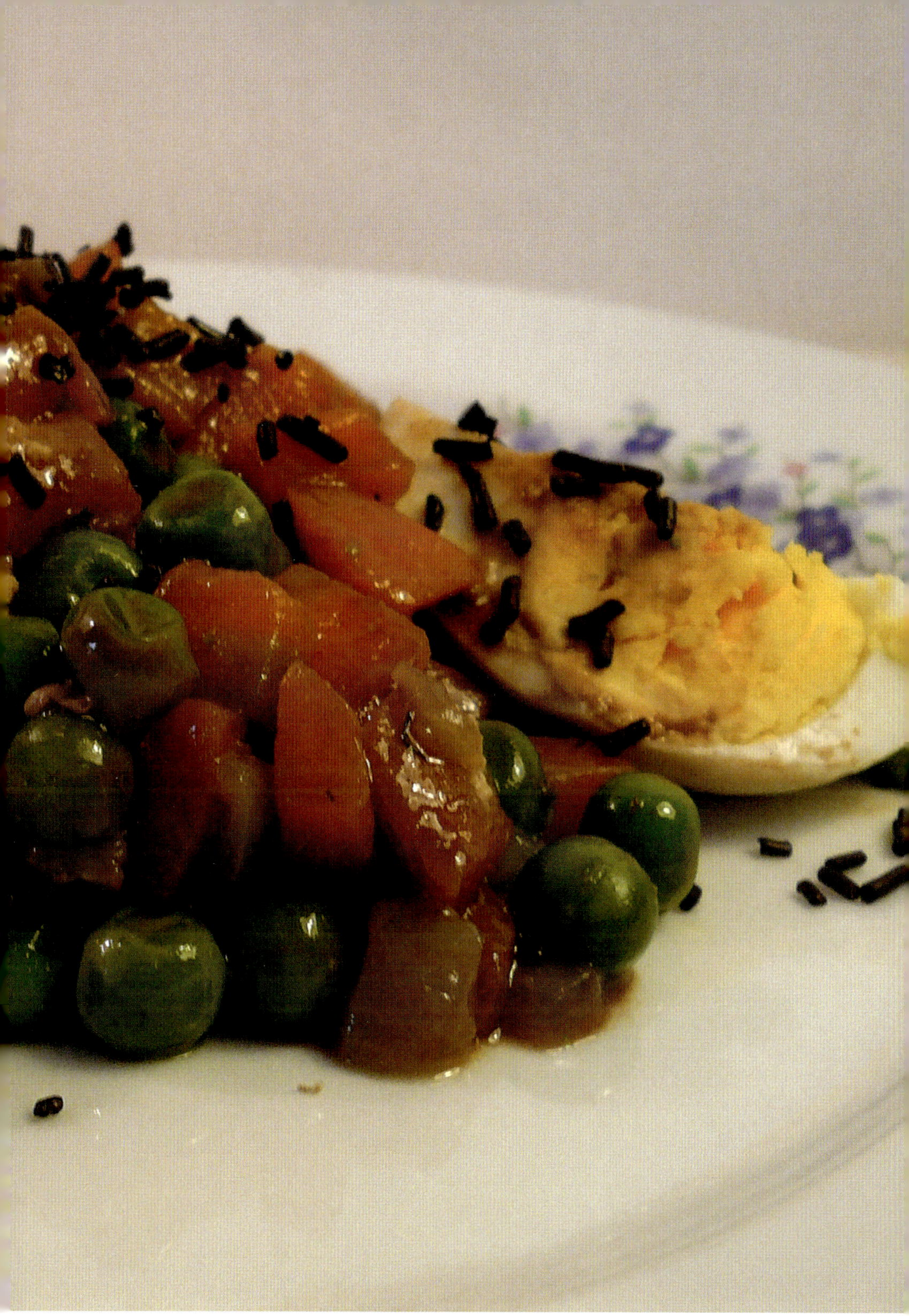

Albóndigas
rellenas de almendra al chocolate

Nivel de dificultad – Medio • **Tiempo de preparación** – 35 minutos •
Tiempo de cocción – *Albóndigas:* 17 minutos – *Chocolate:* 7 minutos

Este plato abre energías y nos puede ayudar a congeniar con nuestros semejantes. También puede resultar útil para inspirarnos en el campo de las artes o atraer a las musas a través de nuestro aroma. No existe nada mejor que tener junto a nosotros una taza de chocolate caliente, y tomarlo lentamente.

Ingredientes:

– Aceite de girasol para freír
  450 g de carne picada de ternera
– Sal
– Una picada de ajo y perejil
– Un poquito de orégano
– 1 huevo
– Un poco de harina
  para ligar la pasta
– 1 almendra tostada por albóndiga
– Agua

Para preparar el chocolate:
– 450 ml de agua o leche
– 65 g de chocolate negro o con leche para hacer a la taza
– 1 cucharadita de azúcar
– 1 ½ cucharadita de harina fina de maíz (opcional para espesar el chocolate)
– Una picada de almendras tostadas
(también se puede utilizar chocolate a la taza ya preparado)

Preparación para 4 personas:

1. En un cuenco grande, pon la carne de ternera picada, sal, una picada de ajo y perejil, orégano, un huevo y un poco de harina para ligar la pasta, y mézclalo bien con las manos.

2. Pon en un plato la harina y en otro las almendras enteras tostadas. Toma un poco de carne entre tus manos y ve modelando las albóndigas. Coloca una almendra en el centro de cada albóndiga y acaba de modelarla pasándola por el plato de la harina y sacudiéndola un poco para que caiga el exceso de harina.

3. Una vez estén preparadas, colócalas en una sartén grande con suficiente aceite caliente y, cuando hayan adquirido un bonito color dorado, ve dándoles la vuelta con la ayuda de una espumadera. Retira el aceite y agrega una pizca de agua para que se acaben de cocer bien por dentro. Tapa la sartén durante unos minutos y después destápala para que se evapore totalmente el agua. Déjalas en la sartén unos pocos minutos más para que se doren bien, pero no dejes de remover.

4. Agrega el chocolate a la taza, que puede contener leche, si lo deseas, y mezcla con cuidado con las albóndigas rellenas de almendra. Déjalas reposar unos instantes para que se mezclen bien los sabores.

5. Antes de servir, espolvorea por encima unas cuantas almendras tostadas picadas.

Pollo asado

con chocolate

Nivel de dificultad – Medio • Tiempo de preparación – 55 minutos • Tiempo de cocción – *Pollo:* unos 45 minutos – *Salteado:* 35 minutos – *Chocolate:* 7 minutos

Especialmente indicado para cuando estamos molestos o enfadados por algo, ya que desvía y diluye nuestro malestar.

Ingredientes:

- 1 pollo mediano
- Un poco de aceite de girasol
- Sal
- Una pizca de pimienta negra
- El zumo de medio limón
- Una pizca de salvia
- Un poco de hinojo
- 4-6 ciruelas pasas
- 4 orejones

Para preparar el chocolate:
- 550 ml de leche
- 80 g de chocolate con leche para preparar a la taza (espeso)
- Una pizca de canela
- 1 cucharadita de mantequilla
- 1 ¼ cucharadita de azúcar
- 1 cucharada de aceite del asado (opcional)

(también se puede utilizar chocolate a la taza ya preparado)

Preparación para 4 personas:

1. Prepara el pollo. Córtalo en cuatro trozos y colócalo en una bandeja apta para el horno. Añádele el aceite, sal, una pizca de pimienta negra para que el sabor sea más intenso y el zumo de limón, y espolvorea un poco de salvia e hinojo secos.

2. Introdúcelo en el horno a 200 grados, bajando a 180 grados a mitad de la cocción. Si deseas acelerar la cocción, añade al pollo un poco de sal, sin el resto de especias y cocínalo tapado en una sartén unos minutos; después, introdúcelo en el horno y condimenta con el resto de especias. Cuando falten unos diez minutos para que el pollo esté en su punto, añade las ciruelas pasas y los orejones enteros y permite que los aromas se fusionen. Dale la vuelta al pollo de vez en cuando para que se cueza de manera homogénea y los sabores de las hierbas aromáticas se fusionen.

3. Prepara un suculento chocolate con leche a la taza ligeramente espeso, e incorpora la canela, la mantequilla y muy poco azúcar. Mientras aún esté caliente, viértelo en una salsera.

4. Sirve el pollo y el chocolate por separado para que cada comensal se ponga la cantidad que le apetezca.

El sabor del pollo asado con chocolate es una delicia que no debemos dejar escapar. Es ideal acompañarlo con un vino de aguja o un champán o cava brut.

Gambas
langostineras al chocolate

Nivel de dificultad – Bajo • Tiempo de preparación – 25 minutos
• Tiempo de cocción – *Gambas:* 7 minutos – *Chocolate:* 7 minutos

Preferentemente para ser concretos ante la duda, nos proporciona poder de decisión y nos permite saber qué hacer y hacia dónde dirigirnos.

Ingredientes:

- 16 gambas langostineras o gambones grandes
- Un poco de aceite
- Sal
- Una picada de ajo y perejil
- Un poco de finas hierbas
- Un chorrito de vino rancio

Para preparar el chocolate:
- 450 ml de agua
- 65 g de chocolate negro para hacer a la taza
- 1 ½ cucharadita de harina fina de maíz (opcional para espesar el chocolate)
- 1 cucharadita de azúcar

(también se puede utilizar chocolate a la taza ya preparado)

Preparación para 4 personas:

1. Vierte un poco de aceite en una sartén grande y, cuando esté caliente, agrega las gambas langostineras y sálalas. Incorpora una buena picada de ajo y perejil y finas hierbas secas, y un chorrito de vino rancio.

2. Retíralas del fuego y déjalas enfriar un poco para que puedas manipularlas con comodidad. Pélalas, pero deja intacta la cabeza. Colócalas en platos, en forma de abanico. Con la ayuda de un cucharón pequeño, cubre el cuerpo con el suculento y consistente chocolate caliente que ya tendrás preparado.

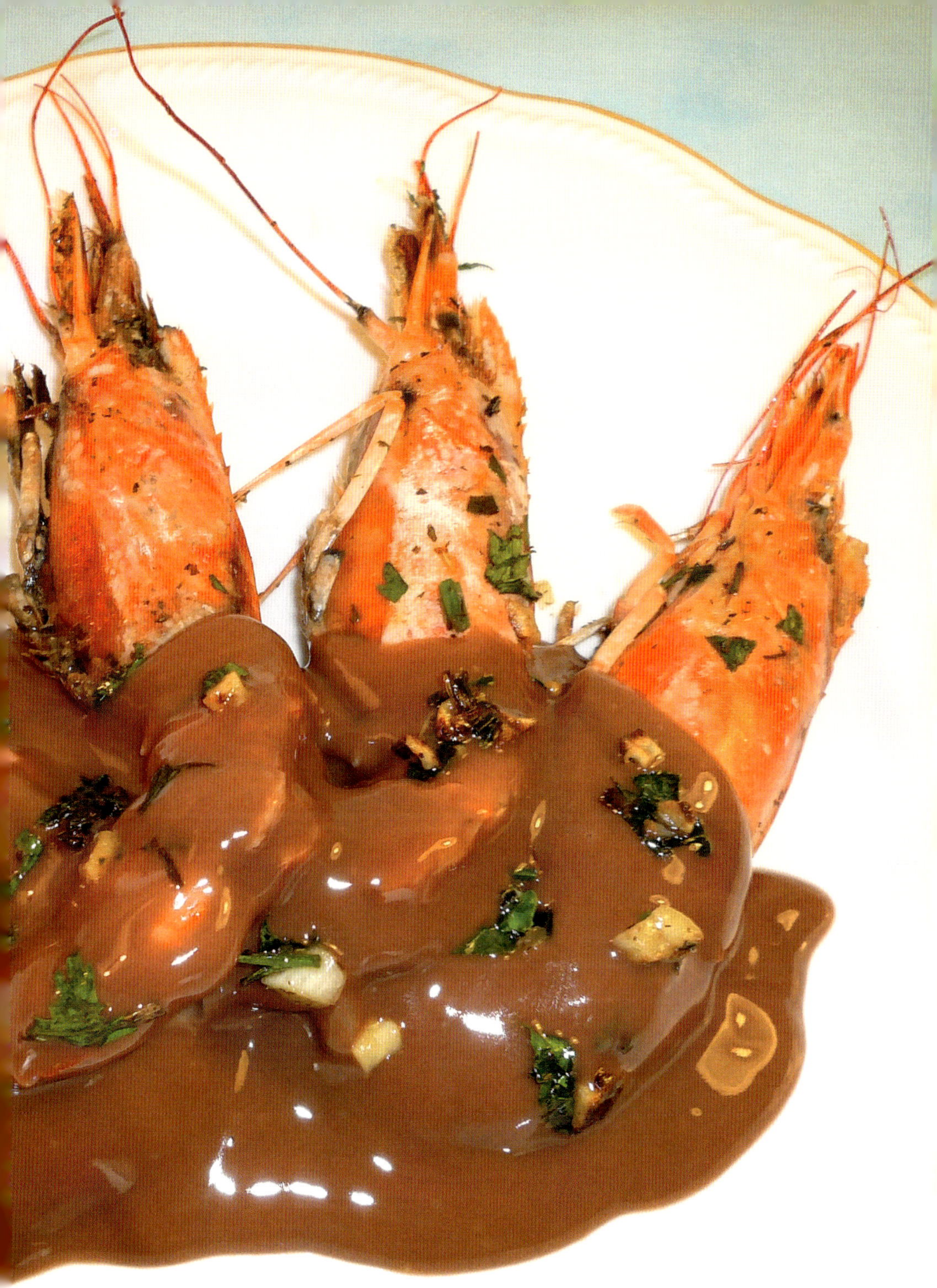

Merluza con mejillones y almejas al chocolate

Nivel de dificultad – Medio • Tiempo de preparación – 30 minutos
• Tiempo de cocción – *Merluza y mejillones con almejas:* 18 minutos – *Chocolate:* 7 minutos

Ingredientes:

– Un poco de harina
– 8 rodajas de merluza
  (2 por persona)
– Sal
– Aceite de girasol
– 750 g de mejillones
– 450 g de almejas grandes
– Perejil picado
– Una pizca de alga nori
– Una picada de avellanas tostadas

Para preparar el chocolate:
– 350 ml de agua
– 50 g de chocolate negro
  para hacer a la taza
– 1 cucharadita de
  harina fina de maíz
– 1 cucharadita rasa de azúcar
– Una vez esté listo, se puede
  añadir una pizca de alga nori
(también se puede utilizar chocolate a la taza ya preparado)

Preparación para 4 personas:

1. Sala y enharina los trozos de merluza y fríelos en una sartén con el suficiente aceite caliente.

2. En una cazuela de barro, calienta un poco de aceite y añade los mejillones y las almejas. Agrega un poco de sal, perejil picado y un poco de alga nori. Incorpora muy poca cantidad porque tiene un sabor intenso y concentrado a mar. Tapa la cazuela, y cuando estén cocidos, retíralos del fuego para que se enfríen un poco. Retira las valvas y deja únicamente la carne de los mejillones y de las almejas. Añádelos a la cazuela junto con las rodajas de merluza y una picada de avellanas tostadas y remueve con cuidado con la ayuda de una cuchara de madera. Mantenlo unos minutos más en el fuego.

3. Esparce a modo de zigzag un poco de chocolate sin leche a la taza. Su sabor es incomparable y sus propiedades son ideales. Es delicioso con una copa de vino blanco bien frío.

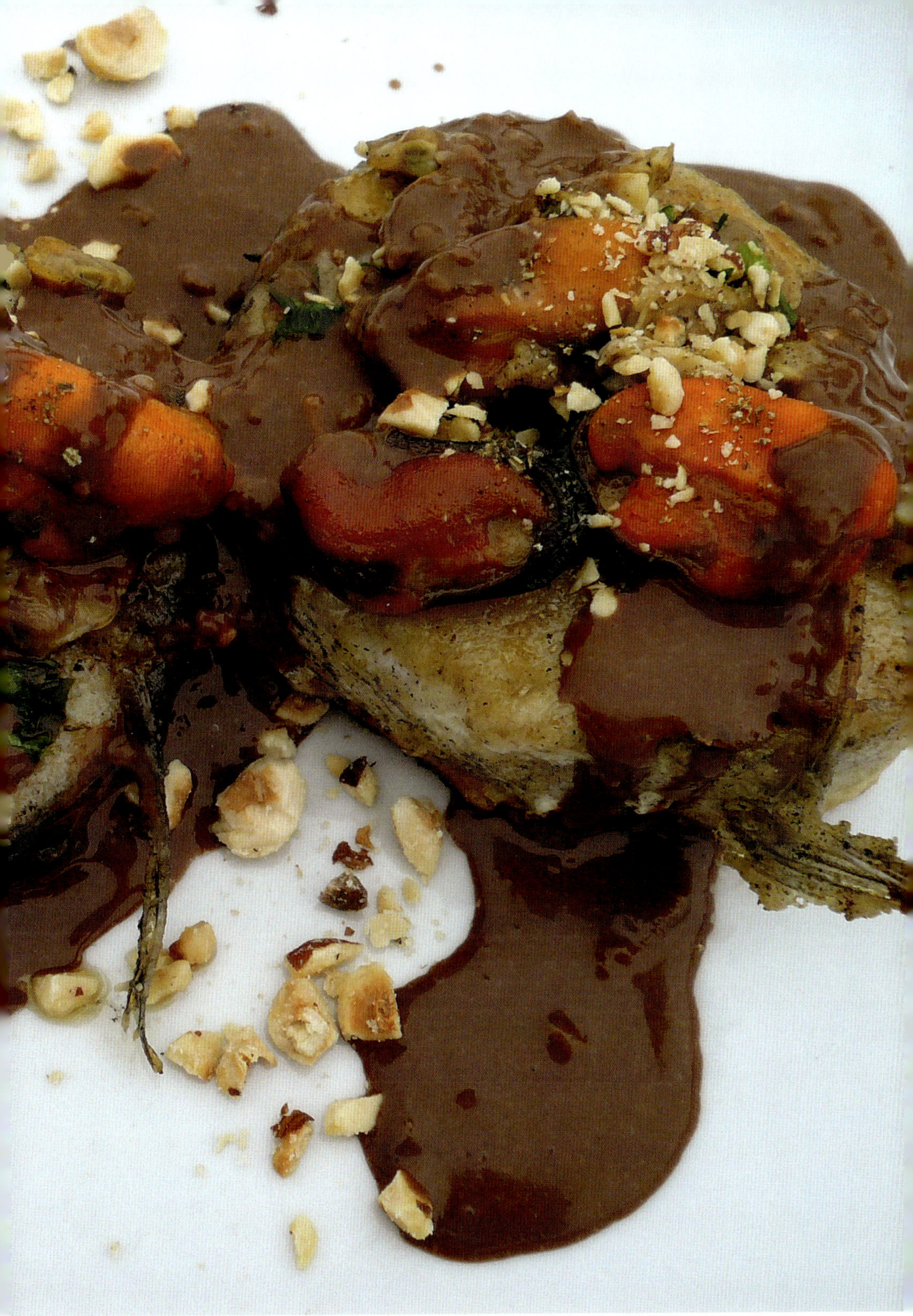

Bacalao
con patatas al chocolate

Nivel de dificultad – Medio • Tiempo de preparación – 40 minutos
• Tiempo de cocción – *Bacalao:* 8 minutos –
Patatas: 19 minutos – *Chocolate:* 7 minutos

Ingredientes:

– dos trozos de bacalao
  por persona
– un poco de harina
– aceite de girasol
– 750 g de patatas
– sal
– un poco de perejil
– un poco de orégano
– un poco de romero
– un poquito de alfábrega
– agua
– 40 g de pasas de málaga
– 30 g de fideos de chocolate

Para preparar el chocolate:
– 450 ml de agua o leche
– 65 g de chocolate negro o con
  leche para hacer a
  la taza (espeso)
– 1 cucharadita rasa de azúcar
– También se puede añadir
  1 cucharada del aceite
  de freír el bacalao
(también se puede utilizar chocolate a la taza ya preparado)

Preparación para 4 personas:

1. Vierte aceite en una sartén y caliéntalo. Enharina los trozos de bacalao y fríelos hasta que adquieran un bonito color dorado; después, retíralos del fuego y resérvalos en una bandeja.

2. En una cazuela de barro, vierte un poco del aceite de la sartén, las patatas cortadas a esquinitas, sal, un poco de perejil picado fino, orégano, romero y una pizca de alfábrega. Cuécelo hasta que las patatas adquieran un poco de color, añade el agua suficiente para cubrir las patatas y déjalas en el fuego hasta que estén hechas. Agrega los trozos de bacalao ya cocinados y las pasas de Málaga, que son ideales para este plato. Remueve con cuidado y déjalo unos minutos en el fuego para que se fusionen los sabores y que las pasas se ablanden. Incorpora los fideos de chocolate.

3. Prepara dos tazas de chocolate caliente con poco azúcar. Viértelo con cuidado por encima del bacalao. Ésto le dará un sabor diferente, que contrastará a la perfección con el bacalao.

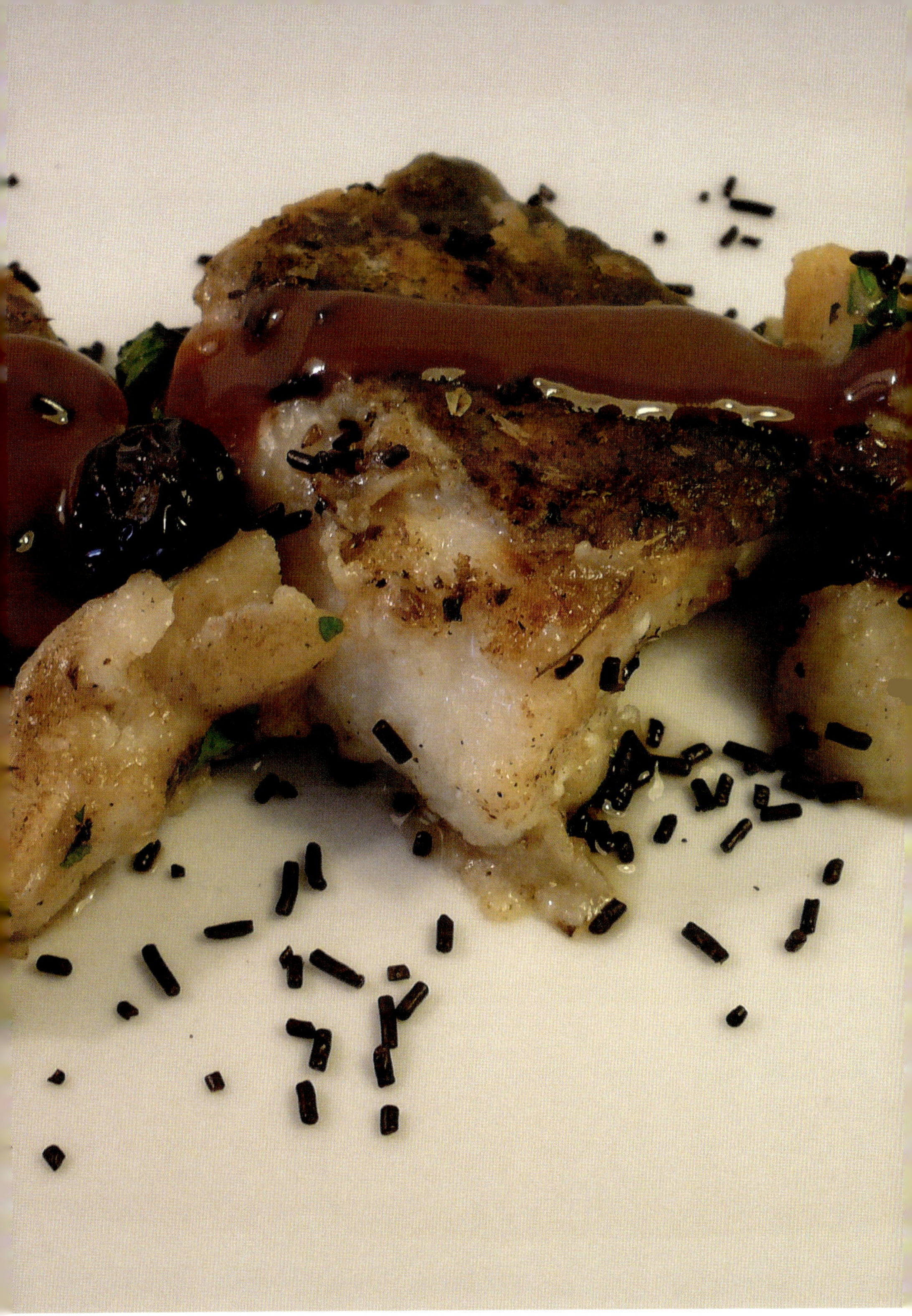

Bistecs de ternera con salsa y virutas de chocolate

Nivel de dificultad – Bajo • Tiempo de preparación – 18 minutos
• Tiempo de cocción – Unos 12 minutos

Preferentemente, para cuando necesitemos una buena dosis de autoconvencimiento; ayudará a canalizar la energía en una sola dirección.

Ingredientes:

– 4 bistecs de ternera tiernos y grandes
– Sal
– Un poco de aceite de girasol
– 200 ml de salsa de tomate
– Perejil picado
– 60 g de pasas variadas: de corinto, sultanas y de Málaga
– Un chorrito de vino dulce
– 75 g de queso rallado
– ¼ de tableta de chocolate para obtener las virutas

Preparación para 4 personas:

1. Sala los bistecs y ponlos en una sartén con un poco de aceite. Cuando hayan adquirido color, añade un poco de salsa de tomate, el perejil picado y los tres tipos de pasas, las de Corinto, las Sultanas y las de Málaga. Remueve con cuidado.

2. Cuando la salsa de tomate esté en su punto, incorpora un chorrito de vino dulce y déjalo unos minutos más en el fuego. Antes de retirarlo del fuego, espolvorea por encima de los bistecs de ternera el queso rallado y las virutas de chocolate, que habrás obtenido rallando una tableta de chocolate. Se puede acompañar de una ensalada al gusto. Los diferentes sabores se fusionan formando una cadena, los bistecs con la salsa de tomate, ésta con el vino dulce, éste con el queso y este último con el chocolate, lo que permite el deleite de nuestro paladar.

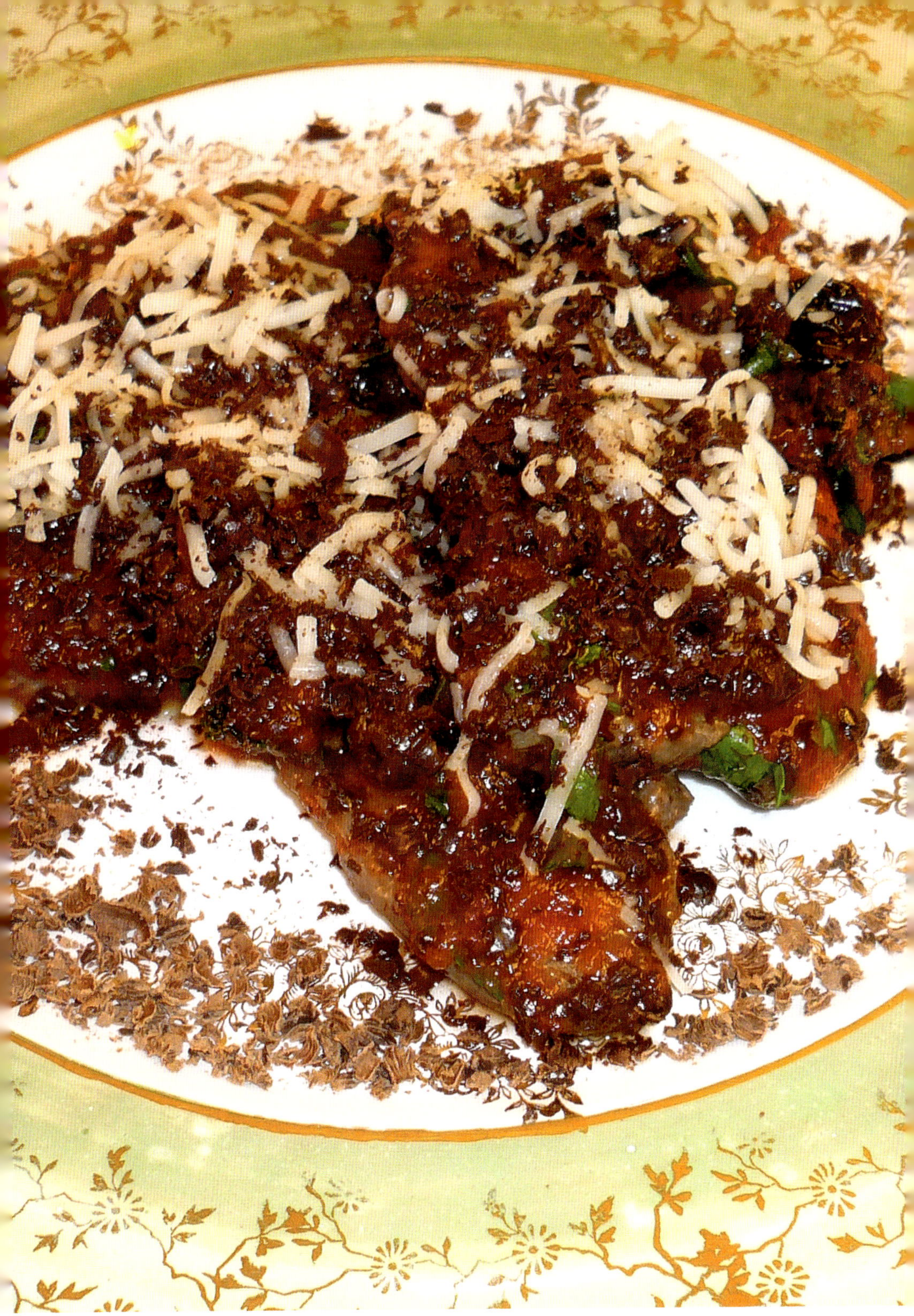

Ensalada
romana con chocolate

Nivel de dificultad – Bajo • Tiempo de preparación – 15 minutos
• Tiempo de cocción – *Chocolate:* 7 minutos

Preferentemente para cuando necesitemos eliminar ciertos pensamientos obsesivos, lo que nos permitirá centrarnos y obtener mejores resultados.

Ingredientes:

- 1 lechuga romana
- Sal
- Un poco de aceite de oliva
- Una pizca de salsa de soja
- 150 g de uva negra
- 125 g de ensalada china

Para preparar el chocolate:
- 350 ml de agua o leche
- 50 g de chocolate con leche para hacer a la taza (espeso)
- 1 cucharadita rasa de azúcar
- Unas 6 cucharadas soperas de nata montada

(también se puede utilizar chocolate a la taza ya preparado)

Preparación para 4 personas:

1. Limpia unas hojas tiernas de la lechuga romana bien fresca. Córtala a tu gusto, colócala en un cuenco grande y alíñala con un poco de sal, aceite de oliva y una pizca de salsa de soja. Ten cuidado con no excederte, ya que tiene un sabor muy intenso.

2. Corta cada uva en cuatro trozos, si son grandes o en dos si son pequeñas, retira las pepitas y coloca las uvas en el cuenco con la lechuga. Pasa la ensalada china por el grifo con la ayuda de un colador y agrégala a la lechuga. Finalmente, incorpora una taza y media de chocolate a la taza, a temperatura ambiente o frío, si deseas obtener una ensalada fresca de verano, y unas seis cucharadas soperas de nata montada. Remueve bien y sirve.

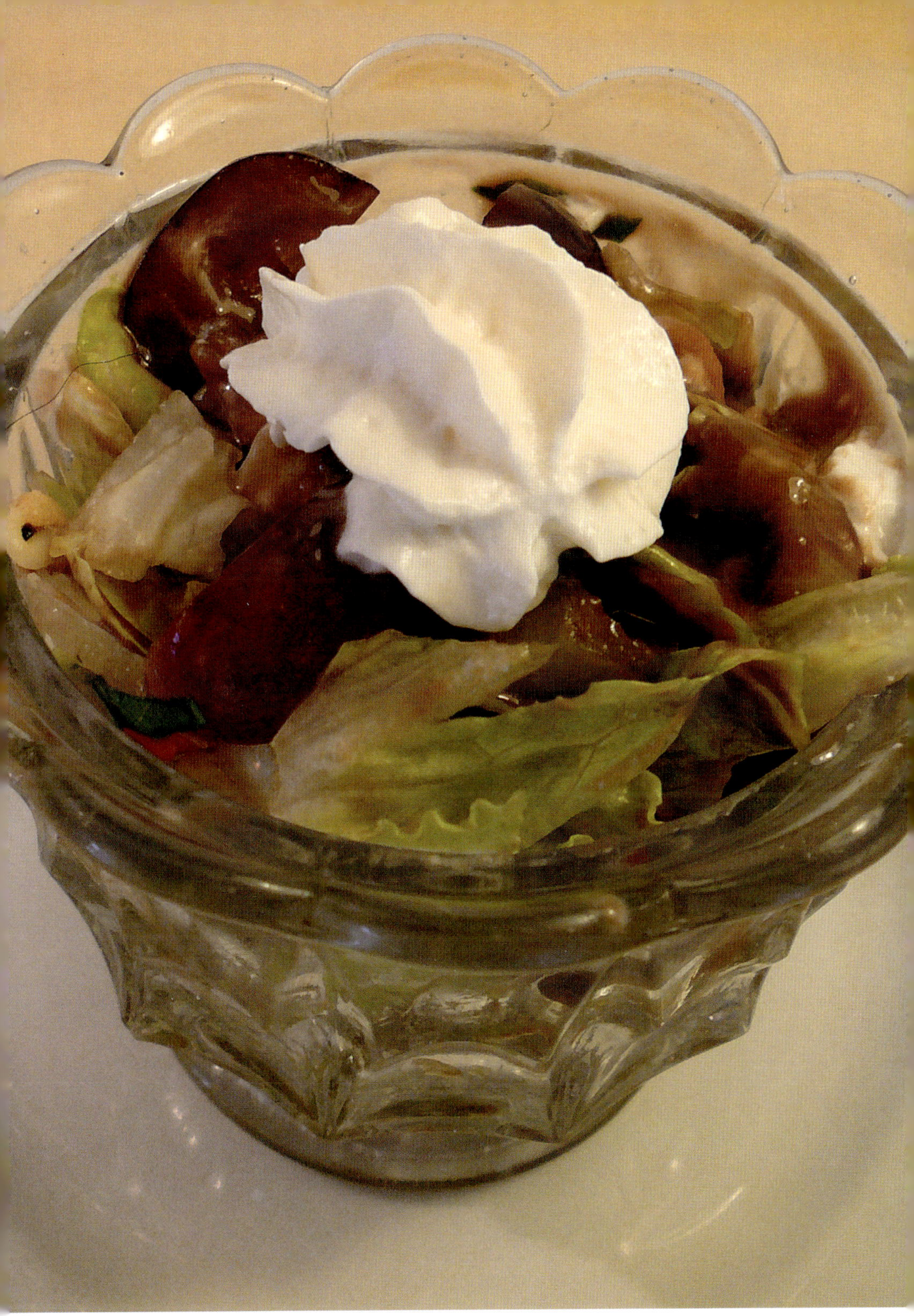

Calamares

y sepias al chocolate

Nivel de dificultad – Bajo • Tiempo de preparación – 20 minutos • Tiempo de cocción – *Chocolate:* 7 minutos – *Calamares y sepias:* unos 12 minutos

Preferentemente para un ágape en el que se requiera un cierto entendimiento, como en comidas de negocios o pactos.

Ingredientes:

– 450 g de calamares medianos
– 450 g de sepias
– Un poco de aceite de girasol
– Sal
– 30 g de pasas de corinto
– Una picada de ajo y perejil
– 8 dátiles confitados
– Un chorrito de jerez

Para preparar el chocolate:
– 250 ml de agua
– 35 g de chocolate negro para hacer a la taza (espeso)
– ½ cucharadita de azúcar
(también se puede utilizar chocolate a la taza ya preparado)

Preparación para 4 personas:

1. Limpia bien los calamares y las sepias y consérvalos enteros. Calienta un poco de aceite en una sartén y agrega los calamares junto con sus tentáculos. Transcurridos unos minutos, añade unas cuantas pasas de corinto, una picada de ajo y perejil, los dátiles confitados sin el hueso y cortados en finas tiras y un chorrito de jerez.

2. Cuando los calamares y las sepias estén en su punto, incorpora una taza de chocolate, remueve un poco y emplata con gracia.

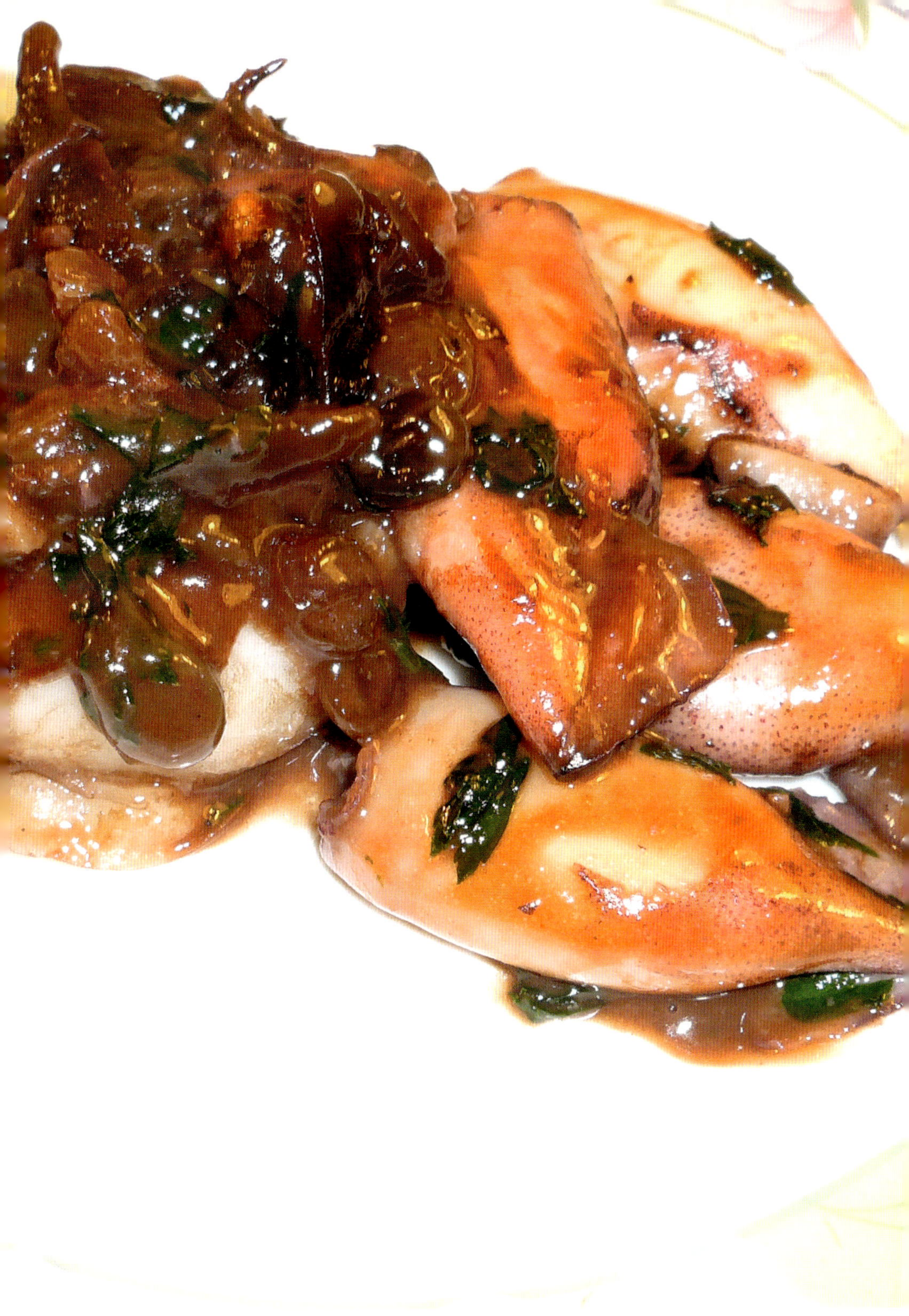

Mejillones

con chocolate

Nivel de dificultad – Bajo • Tiempo de preparación – 25 minutos • Tiempo de cocción – *Mejillones:* 10 minutos – *Chocolate:* 7 minutos

Ingredientes:

– Un poco de aceite de girasol
– 1 ¼ kg de mejillones
– Un poco de perejil
– Unos 500 g de almejas grandes

Para preparar el chocolate:
– 350 ml de agua
– 50 g de chocolate negro para hacer a la taza
– ½ cucharadita de azúcar
– 1 cucharadita de harina fina de maíz
(también se puede utilizar chocolate a la taza ya preparado)

Preparación para 4 personas:

1. Vierte un poco de aceite en una cazuela de barro y, cuando esté caliente, añade los mejillones ya limpios, un poco de perejil bien picado y las almejas. Remueve de vez en cuando hasta que esté en su punto. Retira una de las valvas a los mejillones y colócalos en una fuente.

2. Prepara chocolate a la taza sin leche ni canela y con muy poco azúcar y viértelo con cuidado por encima de cada mejillón; deben quedar cubiertos de chocolate, pero no gotear.

3. Retira las dos valvas a las almejas, de manera que tan sólo quede la carne, que irás repartiendo por encima de los mejillones y del chocolate. Con cada mejillón tendrás un contraste de sabores atrevido pero a la vez acertado; el secreto reside en preparar un chocolate de calidad y en conseguir el punto adecuado.

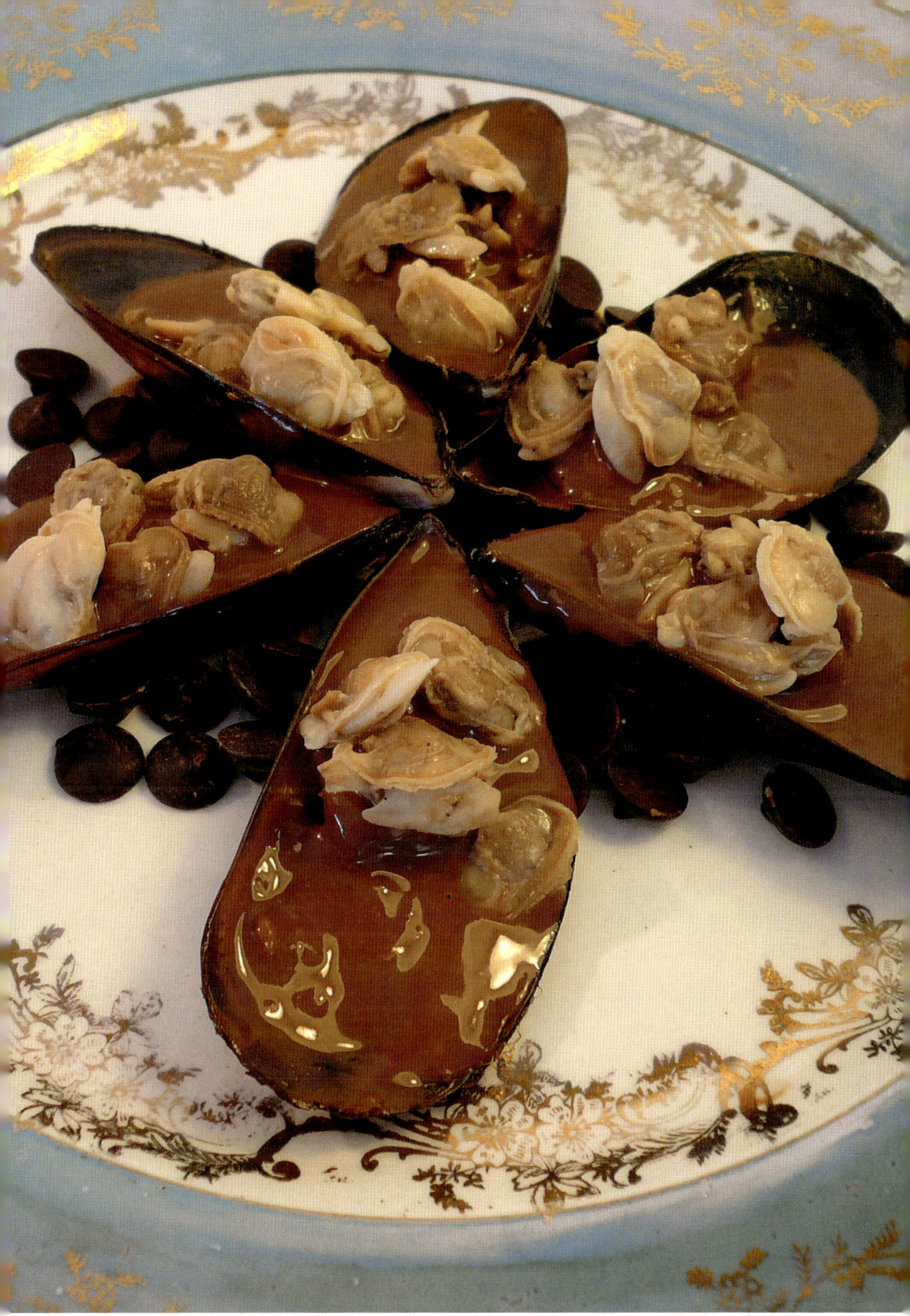

Postres

Plátanos
con turrón de jijona y chocolate

Nivel de dificultad – Medio • Tiempo de preparación – 20 minutos
• Tiempo de cocción – *Chocolate:* 7 minutos

Ingredientes:

– 4 plátanos
– Unas gotas de horchata
– 100 g de turrón de jijona
– 20 g de piñones

Para preparar el chocolate:
– 250 ml de leche
– 35 g de chocolate con leche para hacer a la taza
– ½ cucharadita de harina
– fina de maíz (opcional para espesar el chocolate)
– Un chorrito de horchata
– Unos cuantos piñones
(también se puede utilizar chocolate a la taza ya preparado)

Preparación para 4 personas:

1. Pela los plátanos y colócalos en una bandeja. Vacía cada uno de ellos, primero con un cuchillo y después con un vaciador, hasta obtener como una especie de barca.

2. Pon en un recipiente la carne que has retirado de los plátanos y añade unas gotas de horchata, tan sólo la cantidad justa para que la pasta quede más esponjosa y se pueda trabajar mejor. Pasa por la batidora la carne de plátano con el turrón de Jijona troceado. Se debe obtener una crema ligeramente espesa. Incorpora unos cuantos piñones a la crema y mezcla bien. Rellena con esta preparación cada una de las barcas de plátano con la ayuda de una cucharita, creando una especie de montaña.

3. Preparado el chocolate con leche un poco espeso y añade un poco de horchata al finalizar su cocción. Habrá suficiente con dos tazas de chocolate. Viértelo por encima de cada plátano de arriba abajo y esparce unos cuantos piñones para coronar el postre.

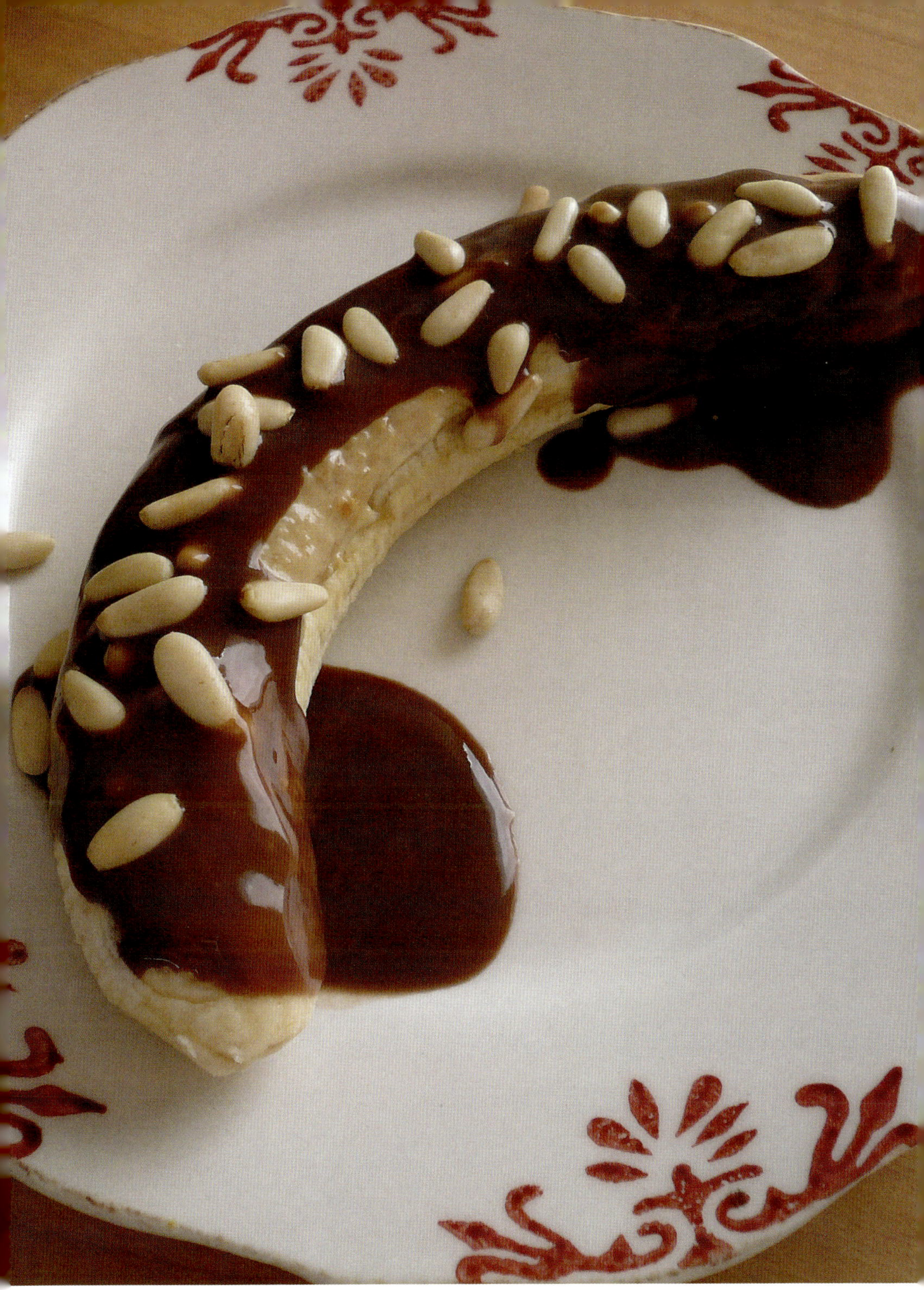

Arroz
con leche chocolateado

Nivel de dificultad – Medio • Tiempo de preparación – 25 minutos • Tiempo de cocción – *Arroz:* unos 17 minutos – *Chocolate:* 7 minutos

Preferentemente para cuando necesitamos movernos y no lo hacemos.

Ingredientes:

– 1 l aprox. de leche (puede ser desnatada)
– 175 g de arroz (puede ser arroz largo)
– 100 g de azúcar
– Corteza de 1 limón
– Una pizca de canela en polvo

Para preparar el chocolate:
– 450 ml de agua
– 65 g de chocolate negro para hacer a la taza (espeso)
– 3 cucharaditas de azúcar
– 400 ml de helado de chocolate
– 4 almendras tostadas
(también se puede utilizar chocolate a la taza ya preparado)

Preparación para 4 personas:

1. Prepara el arroz con leche como de costumbre. Para ello, hierve el arroz en 1 l. aprox. de leche, puede ser desnatada, puedes poner el arroz justo antes de que empiece a hervir la leche, añade el azúcar, un trozo de corteza de limón y una pizca de canela en polvo. Si antes de acabar su cocción se necesitara más líquido, ya no pondremos o añadiremos leche, sino el chocolate que tendremos ya preparado.

2. Déjalo enfriar a temperatura ambiente e incorpora el helado de chocolate con la ayuda de una cuchara de madera. La cantidad debe ser el doble más o menos que la cantidad de arroz empleado. Mezcla con cuidado.

3. Sirve el arroz con leche de chocolate en copas amplias y corona cada una de ellas con una almendra tostada. Resérvalas hasta el momento de servirlas, pero teniendo en cuenta que no debe transcurrir demasiado tiempo desde el momento en que se mezcla el helado para que la receta quede perfecta.

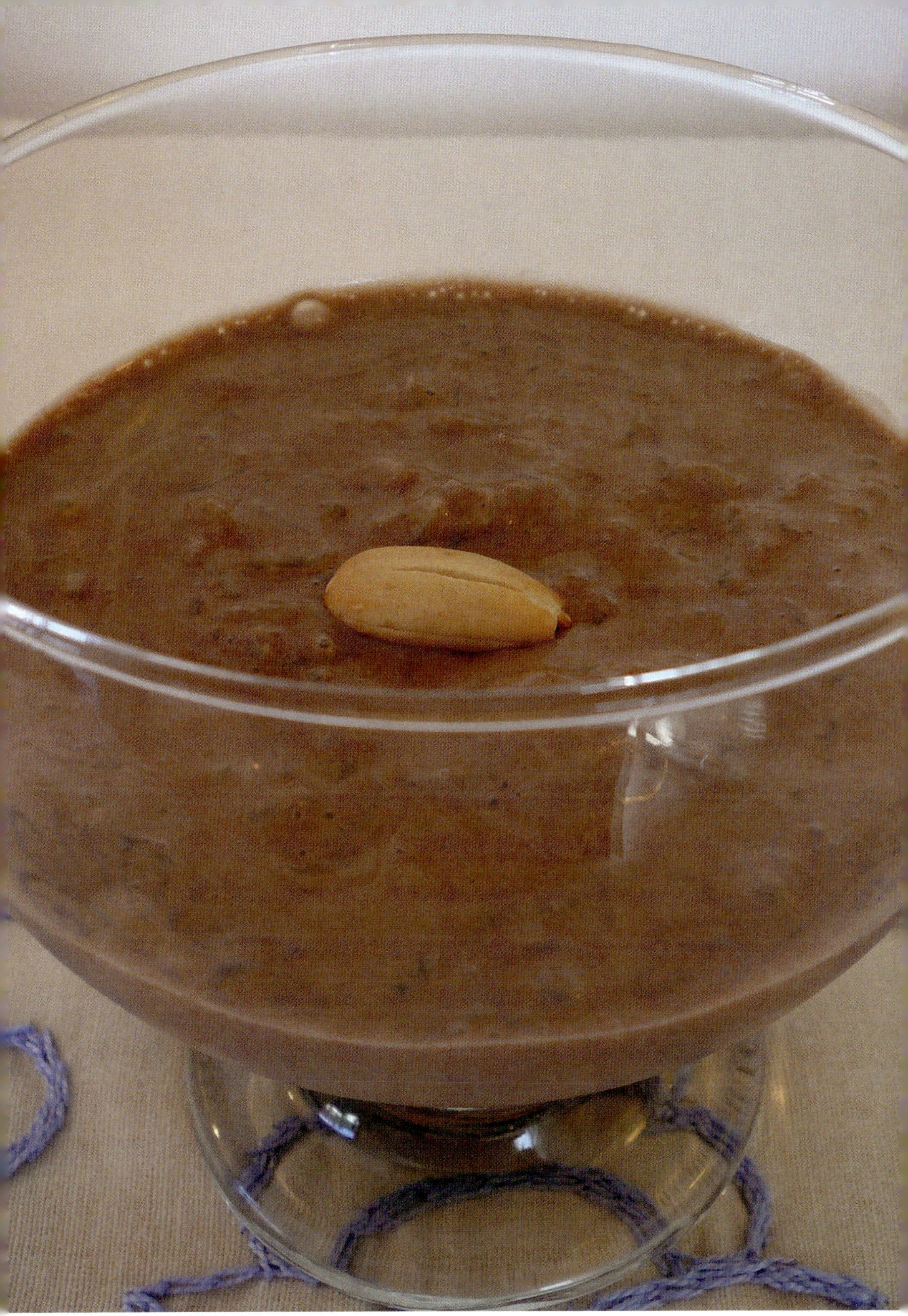

Manzanas tres colores
con nueces al chocolate

Nivel de dificultad – Medio • Tiempo de preparación – 25 minutos
• Tiempo de cocción – *Manzanas:* 7 minutos – *Chocolate:* 7 minutos

Receta perfecta en el inicio de una relación de cualquier tipo, ayuda a abrirnos a la oportunidad y a saber aprovecharla.

Ingredientes:

– 1 manzana verde
– 1 manzana roja
– 1 manzana amarilla
– 125 g de nueces

Para preparar el chocolate:
– 350 ml de agua o leche
– 50 g de chocolate negro o con leche para hacer a la taza
– 2 cucharaditas de azúcar
– 1 bola grande de helado de fresa por persona
(también se puede utilizar chocolate a la taza ya preparado)

Preparación para 4 personas:

1. Lava bien las tres manzanas y córtalas en láminas de un grosor medio sin quitarles la piel, ya que lo que interesa es que destaque el color.

2. Colócalas en una sartén bien limpia y déjalas unos minutos al fuego para que adquieran una textura un poco más blanda. Después, ponlas en un cuenco ancho para que se e fríen. Trocea las nueces y agrégalas a las manzanas.

3. Prepara un buen chocolate a la taza espeso, con o sin leche, dependiendo del gusto de los comensales, y viértelo en el cuenco mientras aún esté muy caliente. Mézclalo bien con las manzanas y las nueces.

4. Para servir, coloca un poco en el centro de cada plato y sobre el chocolate caliente corona con una bola grande de helado de fresa. Crearás un contrate armonioso entre los ingredientes, así como entre el chocolate caliente y el helado frío.

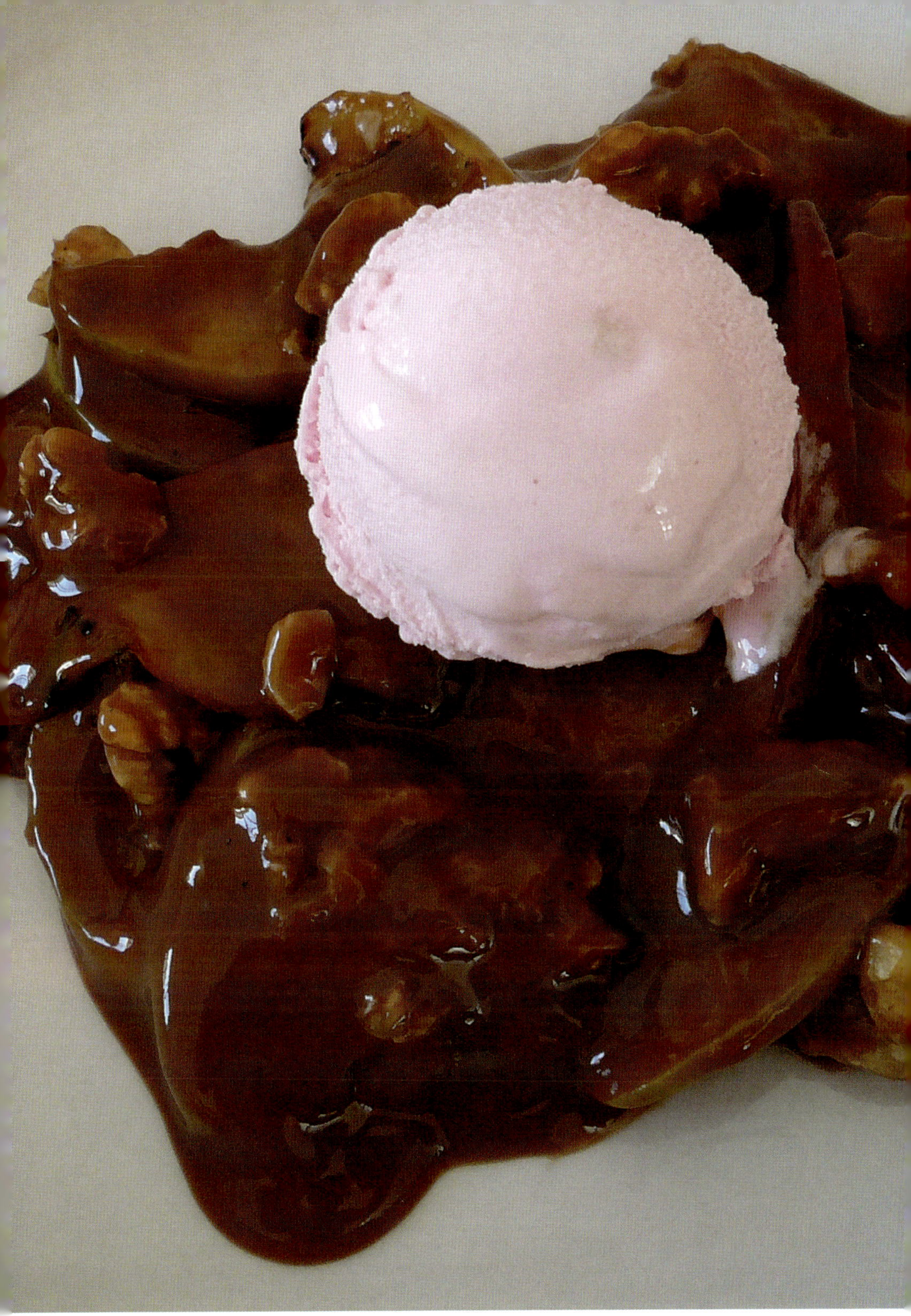

Torrijas al chocolate

Nivel de dificultad – Medio • **Tiempo de preparación** – 25 minutos • **Tiempo de cocción** – *Chocolate:* 7 minutos – *Torrijas:* Unos 6 minutos

Ingredientes:

– Aceite de girasol para freír
– 300-350 ml de leche
– 3 ó 4 cucharadas colmadas de cacao en polvo instantáneo
– 2 cucharadas de azúcar
– Una pizca de canela en polvo
– Un trozo de corteza de limón
– 2 Huevos
– 3 rebanadas de pan de barra por persona

Para preparar el chocolate:

– 350 ml de leche
– 50 g de chocolate con leche para hacer a la taza
– 1 cucharadita fina de maíz
– 2 cucharaditas colmadas de azúcar
– 1/4 de tableta de chocolate negro *(también se puede utilizar chocolate a la taza ya preparado)*

Preparación para 4 personas:

1. Mezcla en un cuenco la leche con el azúcar, una pizca de canela en polvo y el cacao en polvo instantáneo. Agrega el trozo de de corteza de limón y déjalo reposar durante un rato.

2. Corta no demasiado gruesas las rebanadas de pan de barra y bate los dos huevos en un plato hondo.

3. Pasa los trozos de pan por la leche con cacao y después por el huevo batido. Vierte aceite en una sartén amplia y deja que se caliente. Cuando esté listo, incorpora las torrijas hasta que se doren.

4. Coloca unas servilletas de papel o papel de cocina en una fuente para que absorban el máximo aceite posible de las torrijas. Transcurridos dos minutos, y antes de que se enfríen, pásalas a otra bandeja para servirlas. Vierte sobre cada una de las torrijas una cucharadita de chocolate a la taza espeso y caliente si las sirves en invierno o frío si las preparas en verano. Ralla un poco de chocolate negro de tableta con la ayuda de un rallador de corte grueso y colócalas en el plato en forma de triángulo.

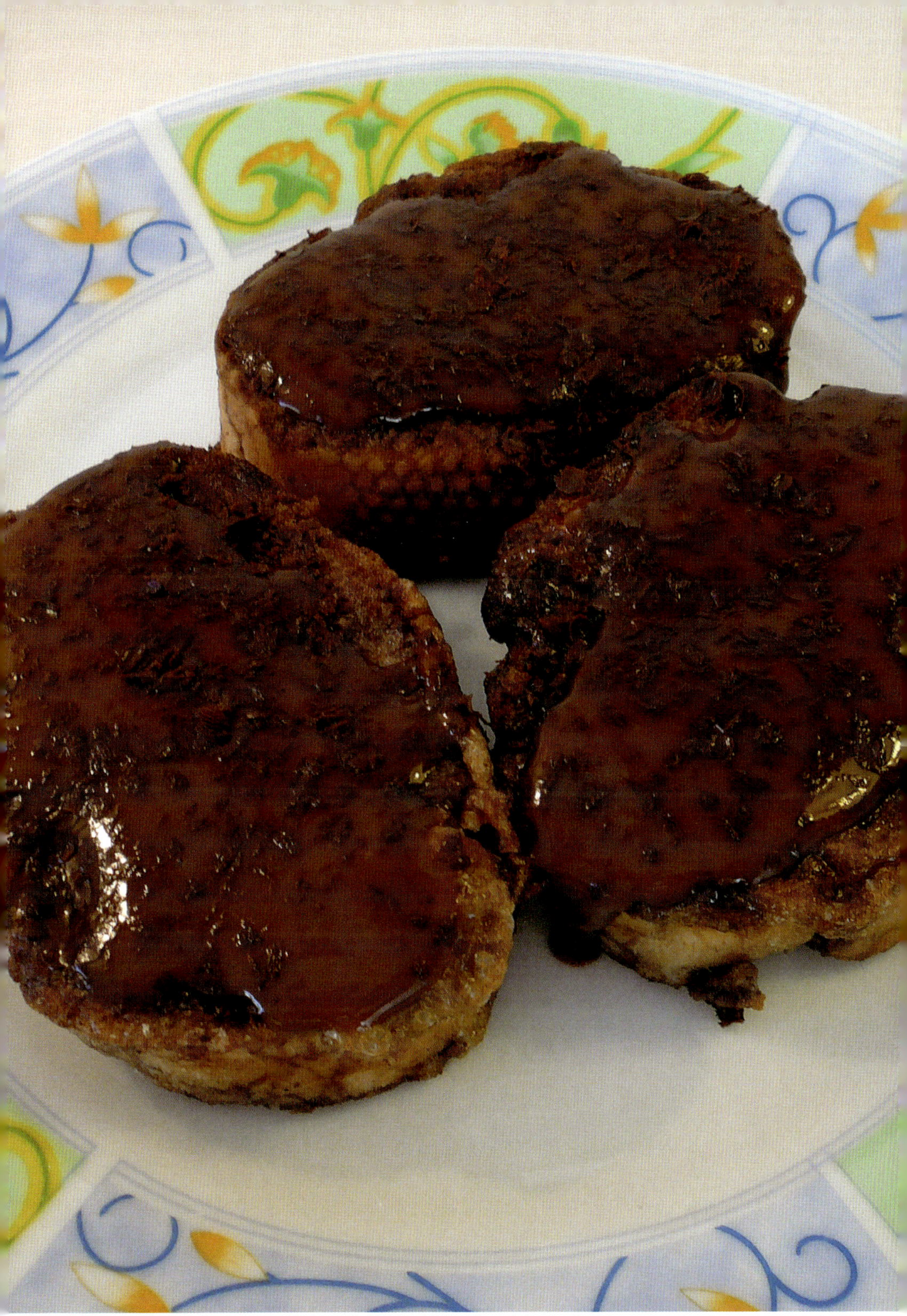

Flan relleno de pepitas de chocolate con chocolate caliente

Nivel de dificultad – Bajo • Tiempo de preparación – 20 minutos
• Tiempo de cocción – *Flan:* unos 12 minutos – *Chocolate:* 7 minutos

El flan y el chocolate como ingredientes ayudan a encontrarnos a nosotros mismos.

Ingredientes:

– Algo más de ½ l de leche
– 1 sobre para preparar flan
– 1 huevo grande
– Un trozo de corteza de limón
– Un poco de azúcar al gusto
– Una pizca de canela en polvo
– Unos 40 g de pepitas o fideos de chocolate
– Un poco de caramelo líquido

Para preparar el chocolate:
– 450 ml de leche
– 65 g de chocolate negro o con leche para hacer a la taza (espeso)
– 2 cucharadas de azúcar
– Una pizca de canela
(también se puede utilizar chocolate a la taza ya preparado)

Preparación para 4 personas:

1. Prepara el flan siguiendo las instrucciones del paquete, pero antes de añadir el contenido del sobre, incorpora un huevo y bátelo con un batidor de mano. Agrega la corteza de limón, el azúcar y la canela en polvo. Cuando ya esté listo el flan, deja que se enfríe un poco, pero sin que llegue a cuajar. Agrega las pepitas de chocolate, remueve y vierte la preparación en los moldes, previamente humedecidos con agua y a los que les habremos añadido azúcar caramelizado, que puede comprarse ya listo para usar o prepararse en casa en unos minutos. En un cazo derrite unos 100 g de azúcar, añadiendo un chorrito corto de agua cuando empieza a tener color.

2. Introduce los flanes en el frigorífico hasta el momento de servir. Colócalos en el centro de cada plato de postre, y vierte alrededor un poco de chocolate a la taza caliente.

3. Con el flan frío y el chocolate caliente se crea un suave contraste que invita a la sutil suavidad de nuestro ambiente. A parte de por sus ingredientes, el contraste de temperatura provoca psíquicamente una pequeña sacudida de descongestión y consecuentemente de relajación. Estado que invita a la sutil sensación de que el ambiente que nos rodea, es más agradable y de percepción más ligera y suave.

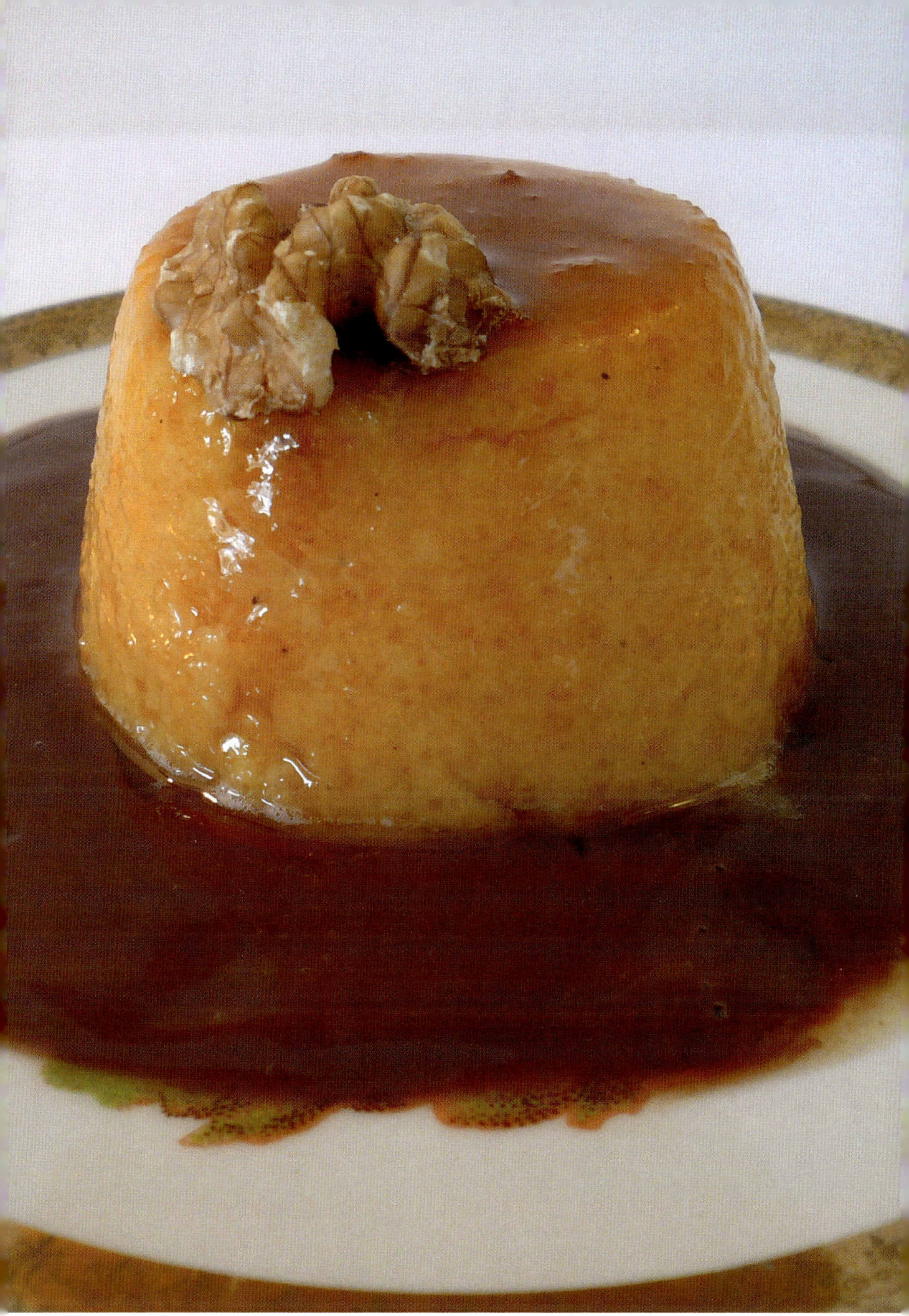

Galletas María
con helado de almendra y chocolate

Nivel de dificultad – Bajo • Tiempo de preparación – 20 minutos
• Tiempo de cocción – *Chocolate:* 7 minutos

Preferentemente para proporcionar un ambiente acogedor en una reunión, la vibración de la almendra ayuda a bajar la guardia y el chocolate reconforta.

Ingredientes:

– 12 galletas María redondas
– Un poco de moscatel
– Un poco de zumo de piña
– 600 ml de helado de almendras

Para preparar el chocolate:
– 250 ml de agua o leche
– 35 g de chocolate negro o con leche para hacer a la taza (espeso)
– 1 ½ cucharadita de azúcar
– Un chorrito de moscatel
– Unos cuantos piñones
(también se puede utilizar chocolate a la taza ya preparado)

Preparación para 4 personas:

1. Prepara el chocolate a la taza y cuando esté tibio agrega el moscatel y resérvalo en el frigorífico. Cuando esté frío, vierte, con la ayuda de un cucharón pequeño, un poco de chocolate a la taza.

Finalmente, esparce unos cuantos piñones sobre el chocolate frío.

Esta apetecible copa de helado supone una llamada a la tradición y a la modernidad, además de ser un buen motivo para reunirse alrededor de una mesa.

2. Coloca en la superficie de trabajo unas copas de helado anchas y pon en el fondo de cada una de ellas tres galletas María redondas y rocíalas con generosidad con moscatel, rebajado con un poco de zumo de piña.

3. Agrega una buena ración de helado de almendra en cada copa encima de las galletas. Se trata de un helado exquisito con tradición y clase.

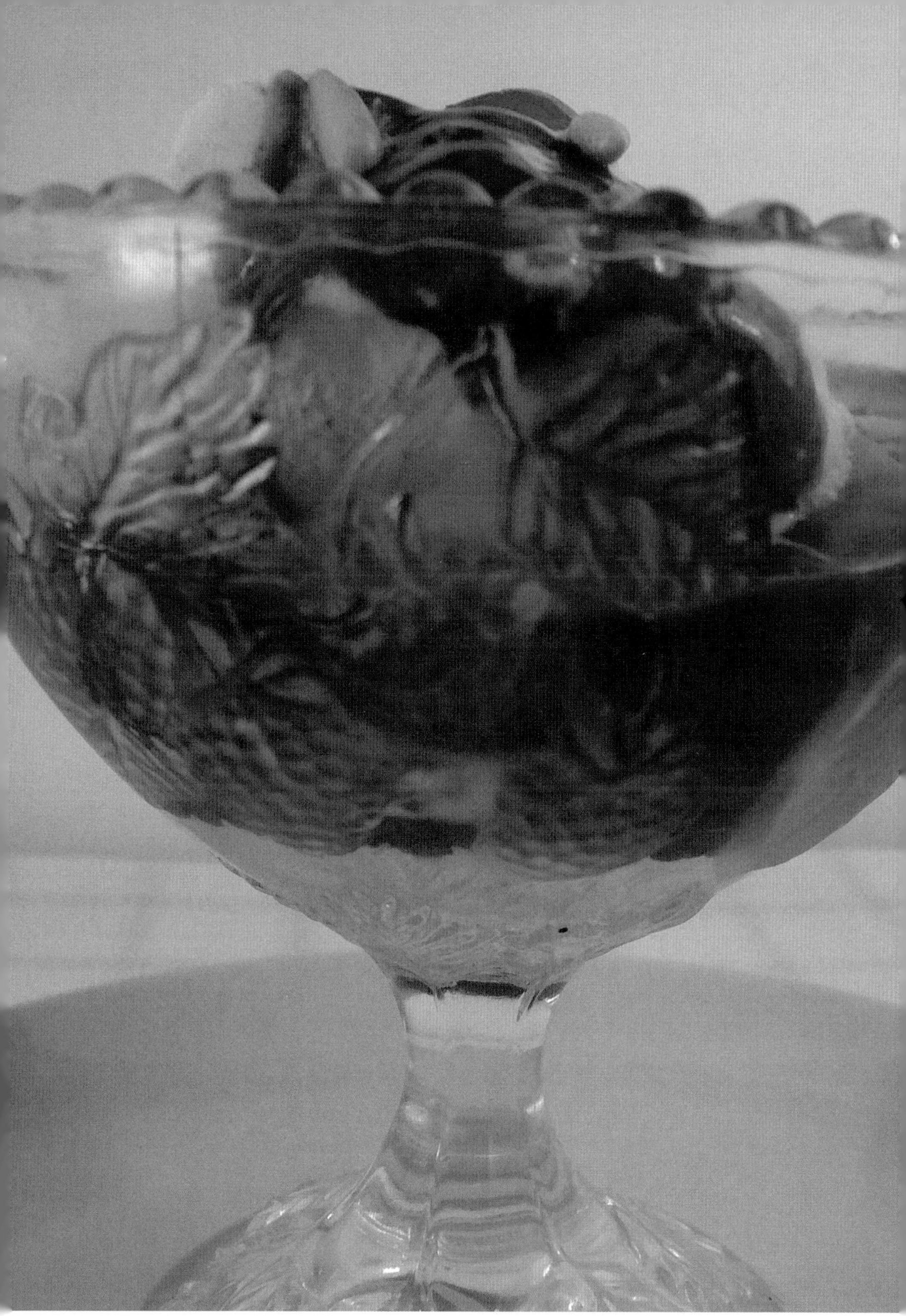

Coca de melocotón, pasas y chocolate

Nivel de dificultad – Medio • Tiempo de preparación – 40 minutos
• Tiempo de cocción – *Coca: unos 25 minutos*

Su característica principal es el acogimiento.

Ingredientes:

- 400 g de harina para repostería
- Un vaso pequeño de zumo de naranja
- Un chorro corto de aceite de girasol
- Unos 150 g de azúcar
- La ralladura de 1 naranja sin tratar
- 3 huevos
- 150 ml de chocolate a la taza o un poco de agua
- 75 g de fideos de chocolate
- 1 sobre de levadura en polvo
- 80 g de pasas sultanas
- Un poco de vino dulce o leche para las pasas
- 3 melocotones o 6 mitades de melocotón en almíbar
- Margarina para engrasar el molde
- Azúcar en polvo molido para espolvorear la coca

Preparación para 8-10 personas:

1. Ve agregando los ingredientes en un cuenco grande: la harina de buena calidad, un vaso pequeño de zumo de naranja, un chorrito de aceite de girasol, el azúcar, la ralladura de naranja, los tres huevos y el chocolate espeso a la taza tibio.

2. Bate los ingredientes en una batidora manual o eléctrica hasta que la preparación adquiera una textura ligera. Si ha quedado un poco espesa, se puede añadir un poco más de chocolate. Si nos sobra chocolate de esta receta, se puede aprovechar añadiéndole un poco de leche, con lo que se obtendrá un delicioso chocolate a la taza que no será tan espeso como el de la coca. Si, por el contrario, la masa queda demasiado clara, se puede agregar con cuidado un poco más de harina y batir hasta obtener la textura exacta.

3. Incorpora el sobre de levadura y bate un poco más, hasta que todo esté bien mezclado.

4. Pon en remojo durante un rato en un cuenco pequeño las pasas con un poco de vino dulce. Escúrrelas y añádelas a la masa, junto con los melocotones cortados en finas láminas, tanto si son naturales como si son en almíbar. En este último caso deben escurrirse bien. Mezcla bien con la ayuda de una espátula de madera.

5. Engrasa un molde de unos 25-26 cm con margarina, vierte la preparación e introdúcelo en el horno a una temperatura media-alta durante unos 20 minutos. Para saber si la coca está cocida, pínchala con un palillo en el centro; si sale seco ya está lista, si sale casi seco podemos apagar el horno y dejar la coca en el horno unos minutos más para que acabe de cocerse. Para evitar que la parte superior se dore demasiado, coloca encima un trozo de papel de aluminio.

6. Cuando la coca esté fría, pásala a un plato grande y espolvoréala con azúcar blanquilla molida o azúcar lustre.

Coca de frutas
al chocolate

Nivel de dificultad – Medio • Tiempo de preparación – 45 minutos • Tiempo de cocción – Unos 25-30 minutos

Es una coca parecida a la de la anterior receta, pero, en vez de evocar acogimiento, aporta grandes dosis de frescura y energía. Nos ayuda a que las cosas parezcan más livianas.

Ingredientes:

- 350 g de harina
- Aceite de girasol
- Mantequilla
- La ralladura de un limón
- 3 huevos
- 225 ml de zumo de naranja
- Agua (si fuera necesario)
- 1 sobre de levadura en polvo
- 1 plátano
- 7-8 uvas negras
- 1/2 manzana
- 1 melocotón y 3 albaricoques
- 1 rodaja de melón pequeño
- 1/2 tableta de chocolate sin leche para virutas
- mantequilla para engrasar el molde

Preparación para 8-10 personas:

1. Pon todos los ingredientes en un cuenco grande: la harina, un chorrito de aceite de girasol, la ralladura de un limón, los tres huevos, el zumo de naranja tibio y, si fuera necesario, un poco de agua, pero teniendo mucho cuidado, ya que algunos ingredientes contienen agua.

2. Agrega el sobre de levadura y bate la preparación a mano o a máquina hasta obtener una masa homogénea, ni demasiado espesa ni excesivamente clara. Pela la fruta y córtala. Corta los plátanos en láminas y después por la mitad, las uvas negras por la mitad y retira las pepitas, corta la media manzana, el melocotón y los tres albaricoques en láminas finas y finalmente trocea la rodaja de melón escurrida. Con la ayuda de un rallador, realiza las virutas a partir de media tableta de chocolate sin leche.

3. Mezcla bien todos los ingredientes con la ayuda de una espátula de madera. Aparte, engrasa un molde de unos 25-26 cm con mantequilla y vierte la preparación con la fruta.

4. Introdúcelo en el horno unos 25-30 minutos unos 190 grados. Para comprobar si está cocinada, pincha la coca con un palillo en el centro. Debe salir seco. Para que la parte superior no se dore en exceso, cuando tenga un bonito color, cubre la coca con papel de aluminio.

5. Coloca la coca en una bandeja redonda para servir. Es perfecta para comerla cuando queremos refrescar cualquier relación, nos abrirá conceptos y esperanzas nuevas gracias, principalmente, a la fruta.

Buñuelos

de patata, boniato y chocolate

Nivel de dificultad – Medio • Tiempo de preparación – 30 minutos
• Tiempo de cocción – *Buñuelos:* unos 8 minutos

Ingredientes:

- 2 patatas medianas
- 1 boniato blanco mediano
- La cantidad de harina que absorba la pasta, alrededor de unos 150 o 175 g
- 1 huevo
- ½ vaso de chocolate con leche a la taza (espeso)
- Un poco de agua tibia, si fuera necesario
- 1 sobre de levadura en polvo, o bien 25 g de levadura de panadero
- Abundante aceite de girasol para freír los buñuelos
- Azúcar

Preparación para 4-5 personas:

1. Hierve u hornea las patatas y el boniato. Cuando estén cocidos, retira la piel y, cuando estén fríos, trocéalos con los dedos en un cuenco amplio. Añade un poco de harina, un huevo y una taza de chocolate espeso tibio, que ya tendrás preparado. Bátelo ligeramente con la ayuda de la batidora eléctrica para que se mezclen bien los ingredientes. Si fuera necesario, agrega un poco de agua tibia (la masa debe hacer hilos, es decir, debe quedar clara, pero no en exceso).

2. Incorpora la levadura. Si utilizas levadura de panadero, deja reposar la masa unas dos horas. Mezcla bien los ingredientes.

3. Vierte una cantidad generosa de aceite en una sartén honda y caliéntalo. Hay que tener en cuenta que se debe añadir abundante aceite para que los buñuelos absorban la mínima cantidad posible. El aceite que sobre se puede reutilizar para otra receta.

4. Los buñuelos originales tienen un agujero en el centro como si se tra-

tara de rosquillas. Toma un poco de masa con los dedos, coloca el dedo corazón en el centro de la pasta y deja caer el buñuelo en la sartén. Si te cuesta hacer los buñuelos, puedes tomar un poco de pasta con una cuchara sopera y con un dedo dejarla caer en la sartén del aceite caliente. Ve dándoles la vuelta de vez en cuando hasta que adquieran un bonito color dorado. Con la ayuda de una espumadera, colócalos en un colador de rejilla amplia en tandas y después ponlos en una fuente y espolvorea abundante azúcar.

5. Son deliciosos y muy fáciles de elaborar.

Pastel de nata,
albaricoque y chocolate

Nivel de dificultad – Medio • Tiempo de preparación – 30 minutos

Preferentemente para mostrar o manifestar energía de agradecimiento a quien consideramos que se lo merece, la gratitud es una cualidad de la sencillez, es un no retener, es ofrecer.

Ingredientes:

- 1 bizcocho para pastel
- 30 ml de vino dulce o leche con una pizca de azúcar
- 15 ml de agua
- 200 g de nata montada azucarada
- 6 cucharadas de confitura de albaricoque
- 11 bombones variados

Para preparar el chocolate:
- 1 tableta de 200 g de chocolate negro
- Una pizca de vainilla en polvo o esencia de vainilla
- Unas 4 cucharadas de agua

Preparación para 8 personas:

1. Elabora un bizcocho para tartas o cómpralo ya preparado. Hoy en día se comercializan unos bizcochos de calidad muy esponjosos; algunos incluso suelen venir ya cortados para facilitar el relleno. Si se desea obtener un pastel rectangular, se pueden cortar los cuatro lados.

2. En un cuenco, vierte un poco de vino dulce con un poco de agua para emborrachar el bizcocho; también se puede sustituir por leche con un poco de agua y una pizca de azúcar. Rocía ligeramente el bizcocho con la ayuda de una cuchara, ya que si se humedece en exceso se desmorona y no tiene muy buen aspecto.

3. Coloca el bizcocho en la superficie de trabajo y córtalo en dos capas en horizontal para rellenarlo. Emborracha la primera capa, que será la inferior, y rellénala con la nata montada con azúcar. Coloca la otra capa encima y humedécela con el vino dulce o la leche. En esta capa, distribuye la confitura de albaricoque. Queda ideal, ya que aporta un toque de acidez seca. Tápalo de nuevo con la tercera y última capa, que también deberá rociarse con el vino dulce o la leche.

4. En un cazo, derrite el chocolate al baño maría con un poco de vainilla. Puedes utilizar una vaina de vainilla o bien esencia. Remueve constantemente –a fuego lento– con una cuchara de madera. Añade unas cuatro cucharadas de agua y retíralo del fuego. Distribúyelo con cuidado primero por encima del bizcocho para después acabar con los lados.

5. Deja que se enfríe en una bandeja redonda o rectangular para tartas. Elige 11 bombones variados con diferentes dibujos, que sean lo más planos posible, o como mínimo no excesivamente altos, y distribuye diez de ellos alrededor del bizcocho y el restante en el centro. Conserva la tarta en el frigorífico.

Dátiles, higos
secos y orejones al chocolate

Nivel de dificultad – Bajo • Tiempo de preparación – 20 minutos
• Tiempo de cocción – *Chocolate:* 7 minutos

Esta receta invita a la armonía y al orden, así como a una sana austeridad, no sólo por su ingrediente principal, el chocolate, sino también por el resto de ingredientes que contiene. En ocasiones puede ser necesaria cierta austeridad sana. Aquí, el ingrediente que cumple este principio es el higo, tan austero como el árbol del que procede. Esta receta nos ayuda a sentir que todavía tenemos cosas por hacer y a encontrarnos un poco más a nosotros mismos.

Ingredientes:

– 8 higos secos (2 por persona)
– 12 dátiles confitados
– 16 orejones
– 2 plátanos
– 2 kiwis

Para preparar el chocolate:
– 450 ml de leche
– 65 g de chocolate con leche para hacer a la taza (espeso)
– Una pizca de canela
– Un chorrito de anís dulce (opcional)
– 50 g de almendras tostadas picadas
(también se puede utilizar chocolate a la taza ya preparado)

Preparación para 4 personas:

1. Corta los higos secos por la mitad a lo ancho y después de nuevo cada mitad en dos partes. Corta los dátiles por la mitad y retira el hueso. Conserva los orejones enteros. Pela los dos plátanos y córtalos en finas láminas. Pela los kiwis y córtalos primero en láminas finas y después por la mitad. Pon la fruta y los frutos secos en un cuenco y añade 2 1/2 tazas de chocolate a la taza caliente, al que se habrá incorporado una pizca de canela y un chorrito de anís dulce. Este último, aunque es opcional, le proporciona cierto toque. Remueve bien la mezcla y déjala reposar para que se ablanden un poco los frutos secos y se fusionen los sabores.

2. Los trozos de higo se pueden servir en el plato de postre con unas pinzas de cocina. Se debe servir a temperatura ambiente. Esparce sobre el chocolate unas almendras tostadas picadas.

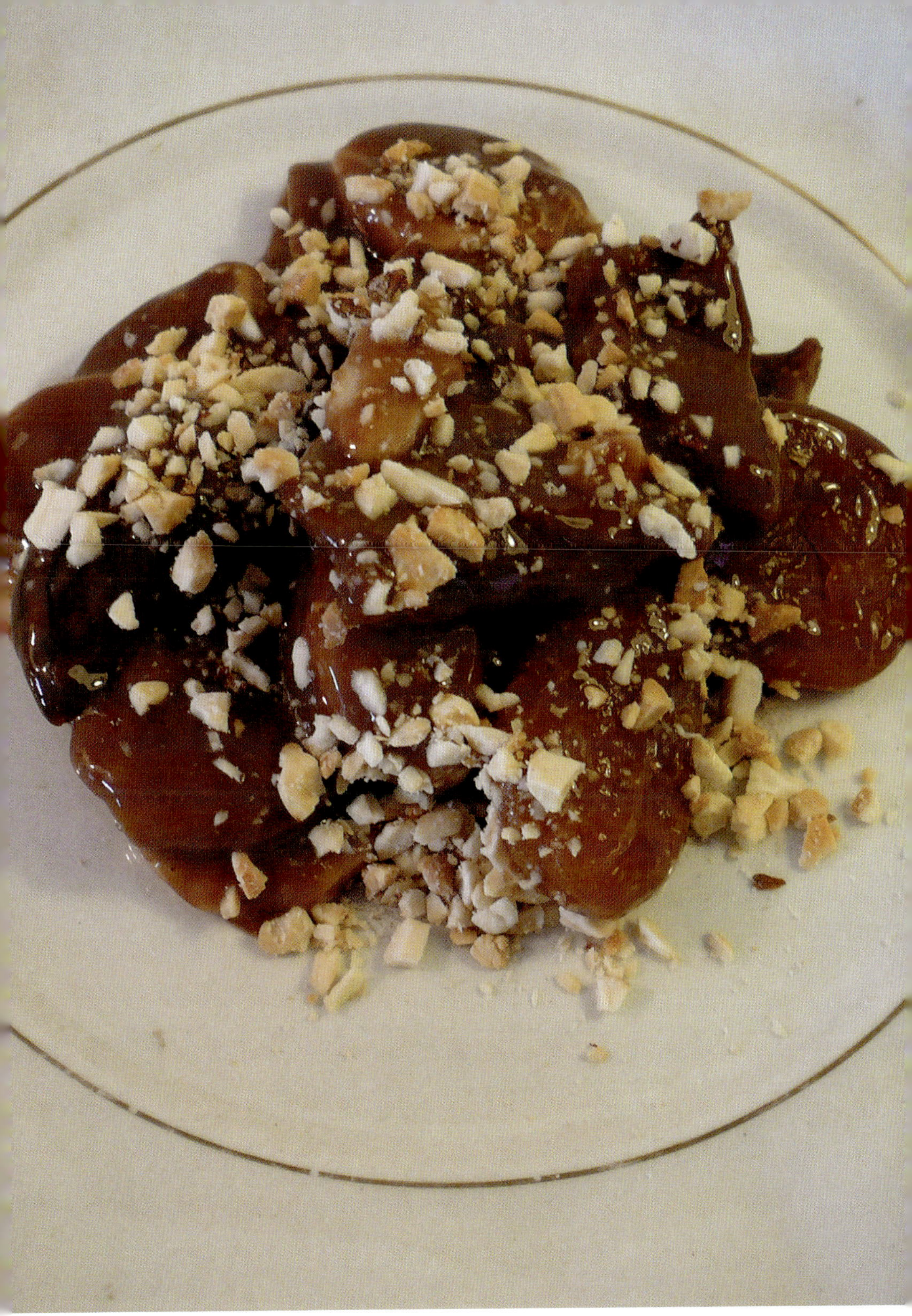

Cazuelitas de melocotón
con requesón y chocolate

Nivel de dificultad – Bajo • Tiempo de preparación – 20 minutos • Tiempo de cocción – *Chocolate:* 7 minutos

Nos ayuda a sentir que todavía tenemos cosas por hacer y a encontrarnos un poco más a nosotros mismos.

Ingredientes:

- 3 mitades de melocotón en almíbar por persona
- Unos 200 g de requesón
- Un poco de azúcar
- Un poco de ralladura de limón
- Chocolate para mezclar con el requesón
- 100 ml de agua
- Un trozo de unos 20 g de chocolate negro para hacer a la taza
- ½ cucharadita de harina fina de maíz (opcional para espesar el chocolate)
- ½ cucharadita de azúcar
- 250 ml de chocolate tradicional a la taza con o sin leche
- 1 trozo de nuez grande por cada cazuelita de melocotón

(también se puede utilizar chocolate a la taza ya preparado)

Preparación para 4 personas:

1. Prepara las mitades de melocotón en almíbar que harán la función de cazuelita.

2. En un cuenco, pon el requesón, un poco de azúcar, la ralladura de limón y un poco de chocolate sin leche. Debe quedar como una crema pero muy espeso. Mézclalo con la ayuda de una batidora o con un tenedor.

3. Viértelo en las cazuelitas de melocotón creando una especie de montaña. Deja caer en cada una un poco de chocolate frío a la taza y corona con media nuez.

4. Sirve las cazuelitas. El sabor del melocotón y del requesón de chocolate es delicioso y contrasta agradablemente.

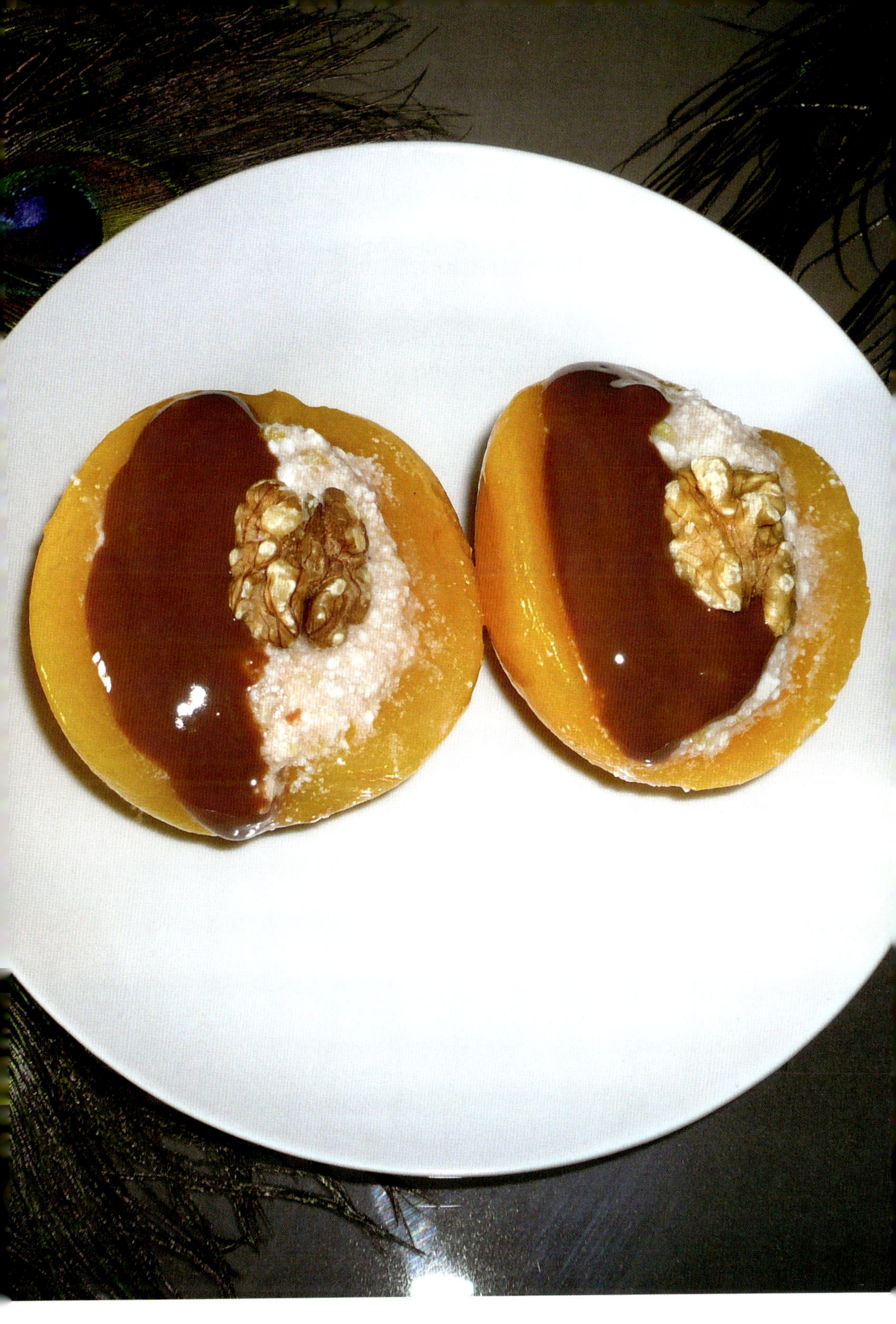

Cazuela de naranja
con flan de frutos secos y chocolate

Nivel de dificultad – Bajo • Tiempo de preparación – 30 minutos • Tiempo de cocción – Flan: 12 minutos – Chocolate: 7 minutos

Esta receta nos hace sentir bien. El flan, de vibración apacible y amable, y la naranja, de contenido más fresco y estimulante, se encargan de conseguirlo.

Ingredientes:

– 4 naranjas medianas

Para preparar el flan:
– 600 ml de leche
– 3 cucharadas colmadas de azúcar
– Un trozo de corteza de limón
– Una pizca de canela en polvo
– 1 sobre para elaborar flan
– 2 huevos
– 50 g de nueces
– 50 g de almendras tostadas
– 50 g de avellanas tostadas

Para preparar el chocolate:
– Unos 150 ml de agua
– 35 g de chocolate negro para hacer a la taza (espeso)
– 1 cucharadita de azúcar
– 4 cerezas rojas en almíbar
– 4 barquillos en forma de abanico o triángulo

(también se puede utilizar chocolate a la taza ya preparado)

Preparación para 4 personas:

1. Corta la parte superior de las naranjas, nos debe quedar como una especie de tapa que dejarás aparte, ya no se utilizará; para que la naranja se sostenga, corta ligeramente la parte inferior. Debe quedar como una especie de cazuela.

2. Vacía las naranjas con la ayuda de un vaciador o con una cucharita de postre. Antes se puede realizar una serie de cortes en el interior con un cuchillo para facilitar la tarea. Una vez vacías, resérvalas en una bandeja.

3. Prepara un flan como de costumbre, con la cantidad de leche necesaria, el azúcar, la corteza de limón, canela en polvo en vez de en rama, y cuando la leche esté a punto de hervir, pon los dos huevos. Bátelos con un batidor de mano hasta que esté listo y déjalo reposar unos minutos para que la corteza del limón libere al máximo su sabor. Retírala y llena las cazuelas de naranja tres cuartas partes de su capacidad con el flan y finalmente incorpora el chocolate.

4. Prepara en un cuenco los frutos secos en cantidad suficiente como para que sean perceptibles. Las nueces, las almendras tostadas y las avellanas también tostadas deben cortarse por la mitad con un cuchillo.

5. Mezcla, con la ayuda de una cucharita, los frutos secos con el flan antes de que éste se enfríe y se cuaje.

6. Prepara una taza de chocolate sin leche a la taza ligeramente espeso. Viértelo aún caliente en las cazuelas de naranja hasta que estén llenas. Corona las cazuelitas de chocolate con una cereza roja en almíbar y decora la naranja con un barquillo en forma de abanico o triángulo.

Piña con turrón
de yema tostada y chocolate

Nivel de dificultad – Bajo • Tiempo de preparación – 20 minutos • Tiempo de cocción – *Chocolate:* 7 minutos

Ingredientes:

– 100 g de turrón de yema tostada
– 3 melindros o algún tipo de panecillo dulce pequeño
– 1 rodaja pequeña de melón
– Unos 20 g de piñones
– 4 rodajas grandes de piña en almíbar

Para preparar el chocolate:
– 1 vaso de agua
– 35 g de chocolate negro para hacer a la taza (espeso)
– 1 cucharadita de azúcar
– 1 cucharadita de mantequilla
– Unos cuantos piñones
(también se puede utilizar chocolate a la taza ya preparado)

Preparación para 4 personas:

1. En un recipiente alto, introduce el turrón de yema tostada troceado, los melindros, unos cuantos piñones y una rodaja de melón, que con su jugo ayudará a que la preparación quede más manejable. El melón no debe ser demasiado maduro, si lo es, escúrrelo un poco para que la crema final no quede demasiado clara, este detalle es importante. Bátelo con la ayuda de la batidora y, si queda un poco espeso, agrega un poco de leche. Debe de quedar una preparación espesa y consistente, para que no pueda derramarse.

2. Coloca cada una de las rodajas de piña en un plato de postre y distribuye un poco de crema de turrón con la ayuda de una cuchara.

3. Prepara un cremoso chocolate sin leche a la taza con un poco de mantequilla. Cuando esté a temperatura ambiente, viértelo generosamente por encima de la piña y del turrón de yema con un cucharón pequeño y coloca unos cuantos piñones a modo de decoración.

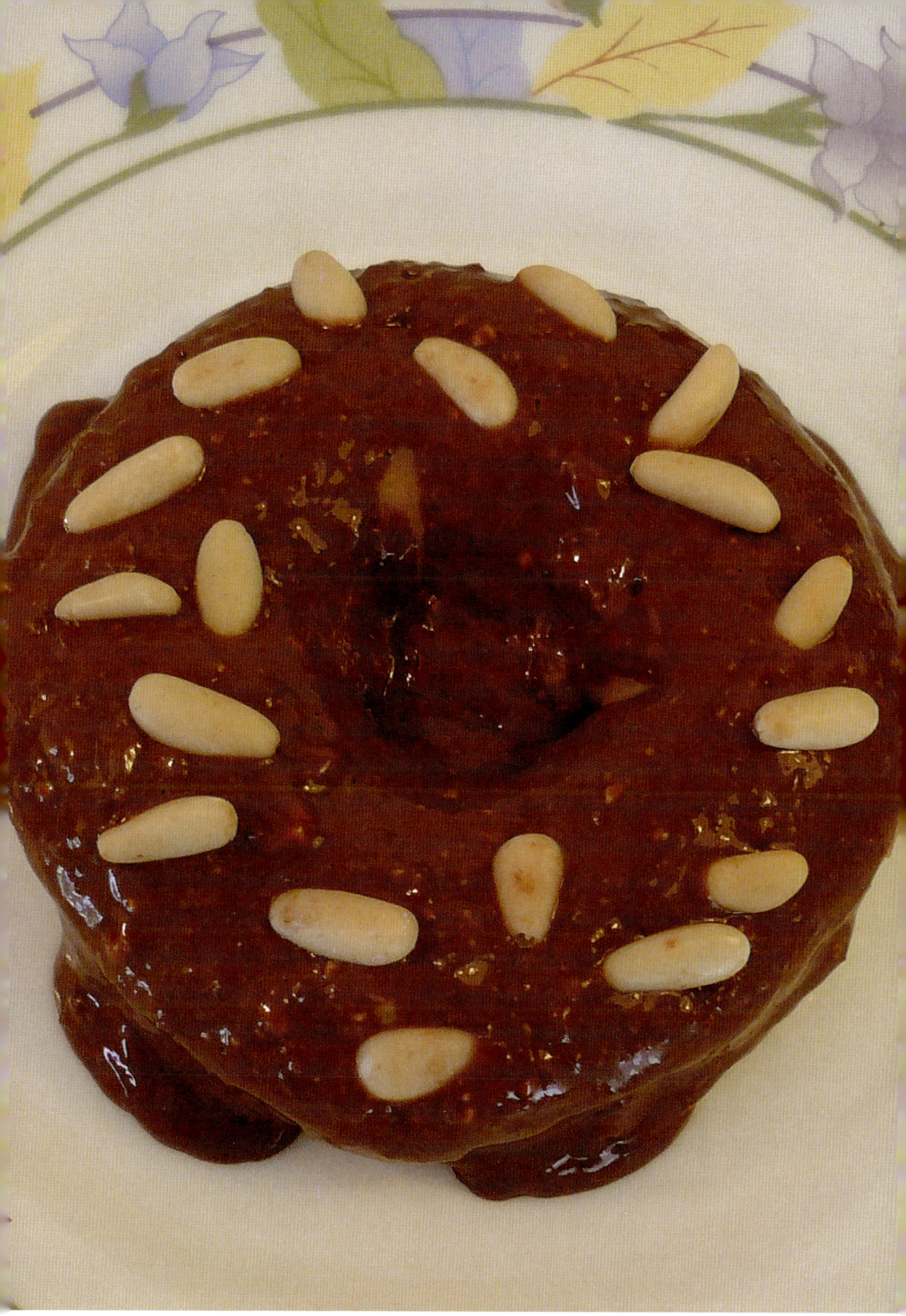

Melón al chocolate

Nivel de dificultad – Bajo • Tiempo de preparación – 20 minutos
• Tiempo de cocción – *Chocolate:* 7 minutos

Especialmente indicado para cuando necesitamos hacer un paréntesis energético en nuestra vida y sentir las cosas desde un punto de partida, una nueva perspectiva desde donde ver más claro el horizonte.

Ingredientes:

– 2 rodajas de melón por persona
– 16 trozos de nuez (4 por persona)

Para preparar el chocolate:
– Unos 300 ml de agua
– 40 g de chocolate negro para hacer a la taza
– 1 ½ cucharadita de harina fina de maíz (para espesar el chocolate)
– 2 cucharaditas de azúcar
– 125 g de fresas pasadas por la batidora para añadirlas al chocolate
– 125 g de fresas
– ¼ de tableta de chocolate con leche
(también se puede utilizar chocolate a la taza ya preparado)

Preparación para 4 personas:

1. Corta dos rodajas de un melón mediano por persona. Colócalas de pie y realiza cuatro cortes en cada una de las rodajas con la ayuda de un cuchillo. En cada corte, incorpora un trozo de nuez, presionándolo con los dedos.

2. Prepara el chocolate sin leche a la taza ligeramente espeso. Aparte, bate la mitad de las fresas y mézclalas con el chocolate cuando esté a temperatura ambiente. Viértelo con gracia por encima de las rodajas de melón.

3. Corta las fresas en dados muy pequeños y distribúyelas sobre el chocolate, a los dos lados externos de las rodajas de melón. El punto final lo pondrán unas virutas de chocolate, que se obtendrán rallando un poco de chocolate de una tableta de chocolate con leche. De este modo se conseguirá un tono diferente al chocolate a la taza.

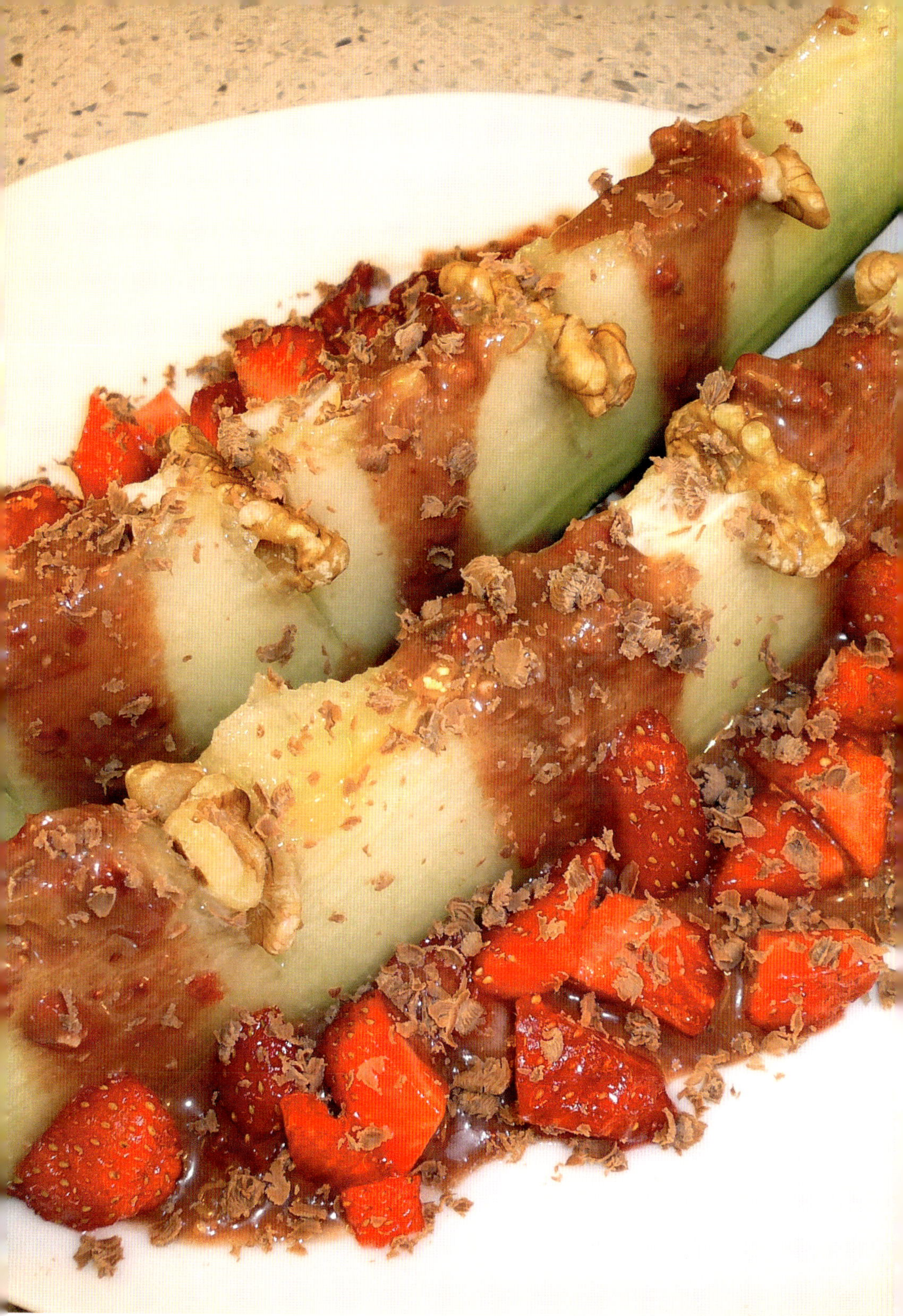

Chocolate
a la taza con coco

Nivel de dificultad – Bajo • Tiempo de preparación – 12 minutos • Tiempo de cocción – *Chocolate:* 7 minutos

Es ideal para acompañar a una agradable charla. Genera buenas intenciones, y al mismo tiempo, permite mantener la amistad con los nuestros.

Ingredientes:

Para preparar el chocolate:
- 750 ml de agua o leche
- 110 g de chocolate negro o con leche para hacer a la taza
- 5-6 cucharadas de azúcar
- Una pizca de canela en polvo
- 2-3 cucharadas de harina fina de maíz (para espesar el chocolate)
- 50 g de coco rallado
- 4 trozos largos de coco (1 por cada taza)

(también se puede utilizar chocolate a la taza ya preparado)

Preparación para 4 personas:

1. Trocea la cantidad adecuada de chocolate sin leche para hacer a la taza y ponla en un cazo antiadherente. Pon el chocolate a fuego lento y cuando comience a derretirse, añade un poco de agua. Esta técnica se conoce como a la española. El chocolate con leche se llama a la francesa. Remueve el chocolate continuamente, agrega el azúcar suficiente y una pizca de canela en polvo y déjalo espesar con la ayuda de unas dos o tres cucharadas de harina fina de maíz. Si quedan grumos, puedes batirlo unos segundos.

2. Déjalo hervir unos minutos y baja el fuego. Después, vuelve a subirlo y finalmente apágalo y déjalo reposar un rato. Hay que tener en cuenta que espesará un poco; en este sentido, ten presente que, como en todo, la práctica es esencial para conseguir el punto justo.

3. Llena las tazas con este chocolate intenso un poco espeso, que tiene el tono oscuro propio del chocolate. Antiguamente e incluso hoy en día en algunas prestigiosas chocolaterías el chocolate todavía se prepara a la española. Finalmente, coloca un trozo largo de coco no demasiado grueso. Apóyalo en la taza para poderlo degustar poco a poco. Esparce coco rallado sobre el chocolate caliente justo antes de servirlo. Coloca una cucharita a un lado de la taza para ir degustando poco a poco el chocolate con el coco rallado. Las tazas para el chocolate deben ser las adecuadas, ya que se trata de su carta de presentación.

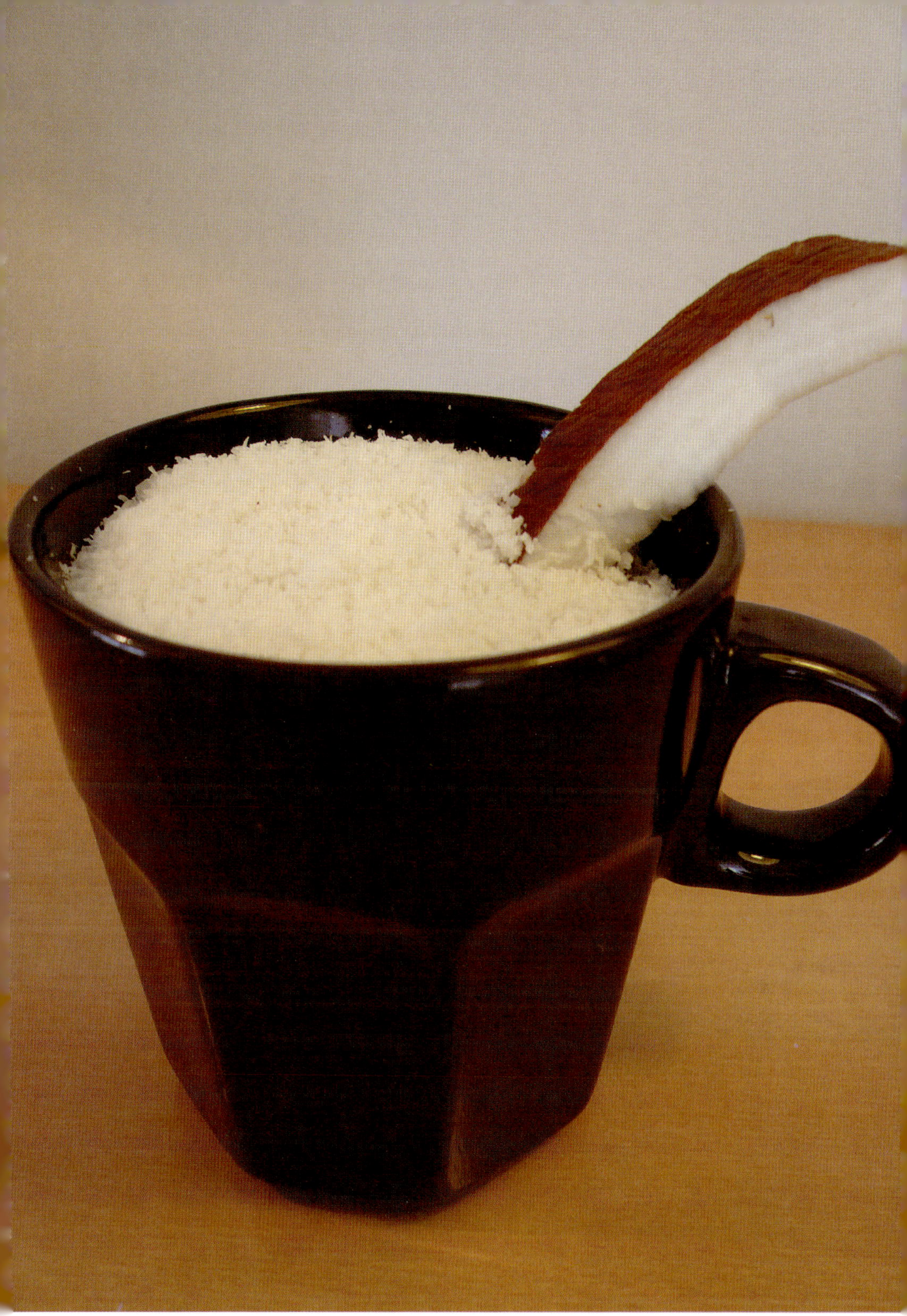

Sugerencias con chocolate

El chocolate posee una serie de cualidades que son inalterables, aunque hay que tener en cuenta que puede modelarse de diversas formas, según nuestros gustos. Ésta es la magia del chocolate.

1. Una tableta de chocolate sin leche, derretida al baño maría y extendida sobre un mármol o una superficie de trabajo similar antes de que se enfríe, puede moldearse a voluntad. Con este chocolate puede obtenerse una base redonda, rectangular o cuadrada para decorar una mesa especial. Se pueden colocar algunas flores encima y debajo una servilleta o papel de aluminio. Esta especie de alfombra de chocolate con flores constituye un centro perfecto que invita al entendimiento en cualquier aspecto de la vida, incluso en los negocios, gracias a su energía conjunta, la de las flores con el chocolate.
2. Asimismo, se puede crear otro centro con un cuenco mejor de cristal con la anchura adecuada para colocar una vela ancha y alta o un velón en el centro. En este caso, se tiene que verter alrededor de la vela un suculento chocolate a la taza tibio, preparado con agua o leche, siempre dependiendo del tono que se quiera conseguir para que combine con la vela.
3. Si se desea que la vela se sostenga en el chocolate, se tendrá que colocar en un pequeño portavelas para que la sujete bien y cubrirlo de chocolate.
4. Una vela roja en Navidad rodeada de chocolate es el complemento perfecto para atraer la magia a nuestro mundo, que todavía está presente en esos días. La magia de la atracción en cualquier aspecto, amoroso, familiar, de amigos o de negocios.
5. Con una vela de color granate rodeada de chocolate caliente, tendremos la delicia perfecta para una cita de enamorados, lógicamente siempre correspondida. De este modo, las cosas irán mejor y serán más íntimas.
6. En tardes e incluso noches de estudio, una vela verde rodeada de chocolate tibio ayuda a que los conocimientos se retengan antes, algo que es perfecto cuando lo que se desea es presentarse a algún examen.

7. Una vela rosa rodeada de chocolate sin leche nos ayuda a prepararnos para nuevas empresas o en momentos en los que se está un poco desmotivado.
8. Una vela marrón con chocolate del mismo tono aumenta la seguridad y cierra puertas a influencias no deseadas.
9. Una vela amarilla rodeada de un espeso chocolate caliente de color marrón oscuro ayuda a despegar, a agotar todas las posibilidades en cualquier cosa, incluso en materia de salud.
10. Una o varias velas con unas gotas de chocolate, más o menos grandes dependiendo de la vela, confieren cierto toque de distinción al ambiente.
11. Una vela lila con unas gotas de chocolate es adecuada también para el momento del baño, la ducha o mientras nos arreglamos. Nos ayuda a valorarnos más, a vernos mejor estéticamente, a que cambie nuestra energía interior y a congeniar más con los demás, en especial cuando se trabaja de cara al público. La vela se puede encender cuando lo necesitemos, a modo de tratamiento. Las gotas de chocolate en la vela se pueden conservar durante varios días. Transcurrido ese tiempo, se puede limpiar con un paño húmedo y añadir más chocolate.
12. El blanco (crudo o marfil) es el color que mejor armoniza con el chocolate, tanto si se trata de gotas sobre una vela como si el chocolate es un ingrediente de un plato. Intensifica la sensación de sosiego y armonía y es perfecto para la relajación o la meditación.
13. Tres amatistas sin pulir y colocadas a modo de triángulo son una buena manera de potenciar los efectos del chocolate, que se debe verter en el centro de las amatistas. Sus cualidades pueden potenciarse con cuarzo blanco o rosa.

Índice

Prólogo 9
Primeros y segundos platos intercambiables........... 15
Tallarines con aceitunas y chocolate...16
Pasta de caracolas (*galets*) con carne y chocolate 18
Pasta de caracolas (*galets*) con marisco y chocolate 20
Espaguetis con setas y chocolate..22
Taquitos de jamón de york con bechamel y chocolate 24
Hamburguesa de chocolate 26
Variado de lechugas con emperador y chocolate 28
Rodajas de tomate con chocolate y anchoas...............................30
Tomates rellenos de almejas y almejones al chocolate 32
Huevos rellenos de pimientos con chocolate 34
Calamares rebozados al chocolate 36
Revoltillo de jamón serrano al chocolate 38
Habas al chocolate 40
Guisantes con trufa al chocolate 42
Garbanzos con beicon al chocolate...44
Hamburguesa de pescado con chocolate.....................................46
Cogollos de lechuga rellenos de lechona con chocolate............48
Carne de cerdo asada con salsa de chocolate 50
Chuletas de lomo con sobrasada y chocolate 52
Puré de patata al chocolate 54
Salchichas de frankfurt con tres salsas...56
Ternera asada con nata y chocolate..58
Lomo a las 5 hierbas con anís y chocolate 60
Butifarra con sobrasada y butifarrones al chocolate.................62
Guisantes y zanahorias con chocolate 64
Albóndigas rellenas de almendra al chocolate...........................66
Pollo asado con chocolate 68
Gambas langostineras al chocolate 70
Merluza con mejillones y almejas al chocolate 72

Bacalao con patatas al chocolate 74
Bistecs de ternera con salsa y virutas de chocolate 76
Ensalada romana con chocolate 78
Calamares y sepias al chocolate 80
Mejillones con chocolate 82

Postres 85
Plátanos con turrón de jijona y chocolate 86
Arroz con leche chocolateado 88
Manzanas tres colores con nueces al chocolate 90
Torrijas al chocolate 92
Flan relleno de pepitas de chocolate con chocolate caliente 94
Galletas María con helado de almendra y chocolate 96
Coca de melocotón, pasas y chocolate 98
Coca de frutas al chocolate 100
Buñuelos de patata, boniato y chocolate 102
Pastel de nata, albaricoque y chocolate 104
Dátiles, higos secos y orejones al chocolate 106
Cazuelitas de melocotón con requesón y chocolate 108
Cazuela de naranja con flan de frutos secos y chocolate 110
Piña con turrón de yema tostada y chocolate 112
Melón al chocolate 114
Chocolate a la taza con coco 116

Sugerencias con chocolate 119

¿Sabías que el chocolate es mejor para la salud que el vino tinto, que no engorda y que los beneficios que conlleva son increíbles?

¡El chocolate es irresistible!

Todos queremos saber cuánto chocolate podemos comer sin engordar y no preocuparnos más. Este libro ofrece una visión desenfadada de las propiedades del chocolate.

Escrito por dos conocidos investigadores nutricionales, combina información científica sobre el chocolate con un punto de vista divertido… algo que seguro atraerá al chocoadicto que todos llevamos dentro.

El chocolate es un producto sano y altamente recomendable para cualquier dieta, también la mediterránea.